THÈSE

POUR

LA LICENCE

ACADÉMIE DE RENNES.

FACULTÉ DE DROIT.

THÈSE POUR LA LICENCE

JUS ROMANUM.	De Probationibus.
	De Testibus.
DROIT FRANÇAIS. . .	De la preuve testimoniale.

CETTE THÈSE SERA SOUTENUE LE LUNDI 22 JANVIER 1866,

A DEUX HEURES DE L'APRÈS-MIDI,

Par M. Victor-Benjamin-Louis-Marie BERTHELOT DE LA GLÉTAIS,

né à Guérande (Loire-Inférieure), le 21 mars 1842.

EXAMINATEURS :

MM. HUE et BODIN, professeurs ; DURAND, agrégé ;
THOMAS, suppléant provisoire.

NANTES,

IMPRIMERIE DE Mme Ve MELLINET, PLACE DU PILORI, 5.

1866

A MA MÈRE

A MON ONCLE ET A MA TANTE DE LA PECCAUDIÈRE

A MES PARENTS

A MES AMIS.

JUS ROMANUM.

DE PROBATIONIBUS — DE TESTIBUS

PROŒMIUM.

Quùm in judicio Romæ ventum erat, cuique litigantium, ut adversarium evinceret, verum et æquum esse quod intendebat affirmare non satis fuisset ; sed eo modo causam exponere oporterat ut judicanti persuaderet intentionem suam veritati et æquitati congruere; quod probare dicitur.

Non enim quæ cuique competebant, justo etiam et legitimo acquisita more, si denegarentur et si de eis moveretur controversia , jura sufficiebant, nisi demonstratum et probatum fuisset ea ab ipso jura haberi.

Si verò de facto quidem litigaretur quod nisi testium depositionibus non possit probari, testes quidem erant evocandi et à judice audiendi.

Quæ fuerunt tàm probationes quam testimonia, quibus in causis probationibus vel testimoniis opus erat; cui incumbebat probatio, quæ tam probationibus quàm testimoniis adhibebatur fides summatîm dispiciendum.

PARS PRIMA.

DE PROBATIONIBUS.

Probationes nihil aliud sunt nisi quidam modi legibus constituti et præscripti ad fidem rei gestæ faciendam.

Pluribus quidem modis probari potest, scilicet : instrumentis testibus, præsumptionibus, rei confessione, jurejurando.

Priore Quiritium jure ferè solà testium depositione probatio fieri solebat, et semper hoc probationis genus Romæ inter omnes probationis modos maximo vigore præfulsit, et rectè : omnes enim ferè aliæ probationes testimonii quodammodo diversa sunt genera. Quam enim fidem instrumentis dabant Quirites, nisi scriptæ tabellionis, partium, testiumque depositioni tributam ?

Quod quidem rerum naturæ maximè congruebat : quæ enim ipsi non vidimus nullo alio modo nisi eorum qui viderunt testimonio scire possumus ; hoc autem testimonium scripturâ quidem referri et consignari potest eo ipso momento quo præsentibus testibus id agitur de quo memoria servari refert ; vel ex orali testium depositione colligi : quæ duo probationis genera, testium sunt depositiones in eo tantùm differentes quòd in instrumentis eo momento quo res agitur testimonium scribitur et subsignatur, quùm in orali testium depositione, testes quod viderunt ipsi cum jurejurando affirmant. Undè fiebat ut fidem tantùm facerent instrumenta illis qui subscripserant debitam, et ut adeò potiora instrumentis testimonia viderentur ut si quidem aliud faceret collatio litterarum, aliud testimonia quæ vivà voce et cum jurejurando dicebantur, ea digniora fide viderentur et scripturam evincebant. Census autem et monumenta publica potiora testibus esse senatus censuit.

Quædam autem probanda sunt, quædam probationibus non egent et certa computantur nisi contrariâ infirmentur probatione : probanda non sunt quæ naturaliter et plerumque fieri solent; quæ autem rariùs accidunt, probanda. Si ergò Titius Seio centum testamento legaverit, et Seius ab hærede legatum petat, non opus est ut probet Titium non fuisse insanum, cùm plerùmque fit testatorem sanum et suæ compotem esse mentis. Si verò hæres testatorem insanum fuisse contendat, hoc ipse probare debet, cùm nemo insanire præsumatur.

Item, si quis cùm chirographum scripserit se minorem quinque et viginti annis esse proponat ut chirographum nullum judicetur, ipse se cùm subscripserit quinque et viginti annis minorem fuisse probare debet.

Si quis possessori controversiam de rei possessæ proprietate moverit, non quidem possessor compelli poterit ut probet se jure possidere; sed actor, qui contendit se dominium hujus rei habere, hoc ipse probare debet, et nisi hanc probationem faciat, possessor non solam possessionem, sed etiam dominium habere judicetur, nàm plerumque et in omnibus ferè casibus justam possessionis causam et etiam dominium possessor habet.

Cui autem probationis onus incumbat tàm responsis prudentum quàm principum constitutionibus et rescriptis statutum est, quorum aliqua notare oportet.

Semper necessitas probandi incumbit ei qui agit.

Ei incumbit probatio qui dicit, non ei qui negat.

Actore non probante, qui convenitur, etiam si nihil ipse præstet, obtinebit. Undè videmus actorem quidem intentionem probare debere, quùm in intentione agat et dicat, reum autem exceptionem probare, nàm reus in excipiendo fit actor.

Quas generales regulas diversis applicantes litium speciebus, videamus cui in quibusdam casibus incumbat probatio.

Si filius in potestate patris esse neget, prætor cognoscit, ut prior doceat filius, quia et pro pietate quam patri debet præstare hoc statuendum est, et quia se liberum esse contendit.

Et qui ad libertatem proclamat, prior docere jubetur.

Qui se alicujus filium esse dicat, vel alicujus gentis esse contendat, si de genere vel gente controversia movetur, probare debet quod intendit.

Se ingenuum si quis esset dicat, cujus mater in servitutem fuerit, ab eo quidem matrem suam libertatem consecutam esse, et se post editum, ut ingenuus probari possit, ostendi convenit.

Vis autem ejus qui se dominum contendit ad imponendum servo probationis onus minimè prodest, nec servi fuga, vel emptionis instrumentorum substraxio fraudulosa ad imponendum domino.

Cùm de lege Falcidiâ quæritur, hæredis probatio est locum habere legem Falcidiam, quod nisi probet meritò condemnabitur.

Si aliena res vel obligata legata sit, eum qui agit, scilicet legatarium, probare oportet scisse defunctum alienam rem vel obligatam legare.

Cùm patronus servum manumittens libertate eum hâc conditione donavit ut aliquâ operarum liberti parte frueretur, et posteà libertum aliquid in fraudem suam dedisse patronus contendat, hoc ipse quidem patronus manifestè docere debet, ut partem ejus quod in fraude datum est possit avocare ; sed priùs patronus se quidem patronum esse docere debet.

Cùm autem de indebito quæritur, quis probare debet non fuisse debitum ? Si quidem is qui accepisse dicitur rem vel pecuniam indebitam hoc negaverit, et ipse qui dicit legitimis probationibus solutionem adprobaverit, qui negavit sese pecuniam accepisse, si vult audiri, cogitur ad probationes præstandas quibus manifestè doceat debitam se pecuniam accepisse. Sin verò ab initio confiteatur quidem suscepisse pecuniam, dicat autem non ni debitas sibi fuisse solutas, præsumptionem videlicet pro eo esse qui accepit nemo dubitat.

Cuique autem litigantium licentia datur contradicendi ea quæ affirmaverit adversarius, et contrariam ædificandi probationem ; cuique enim litigantium licet quæ voluerit allegare facta, quorum dummodò causæ pertineant admittenda erit probatio.

Litigantium autem quibusdam in casibus jusjurandum vim probationis obtinet, in quibus licentia concedenda est ei cui onus probandi incumbit adversario de rei veritate jusjurandum inferre ; priùs ipso pro calumniâ jurante, ut judex jurisjurandi fidem secutus, ità suam sententiam possit formare, jure referendæ religionis ei servato.

Quæ cuicumque probationum generi vis et auctoritas insit judicantis arbitrio datum est, et quæ argumenta ad quem modum probandæ cuique rei sufficient nullo certo modo satis definiri potest, nec utique ad unam probationis speciem cognitionem statim allegari debet, sed ex sententiâ animi sui æstimare quid aut credat, aut parùm probatum sibi opinetur.

Ut autem probationi credat judex, necesse est probationem præscriptis quidem congruere modis, et rei controversæ fidem facere.

Undè non epistolis necessitudo consanguinitatis, sed natalibus vel adoptionis solemnitate conjungi certum est.

Instrumenta domestica, seu privata testatio, seu adnotatio, si non aliis quoque adminiculis adjuventur, ad probationem sola non sufficiunt; exemplo enim perniciosum esset ut ei scripturæ crederetur quâ unusquisque sibi adnotatione propriâ debitorem constituit.

Quùm autem inter eosdem quæstio movitur quæ jàm judicio solutionem accepit, exceptioni rei judicatæ locus est. Res etenim judicata pro veritate habetur, et plenissimum probationis habet vigorem. Inter eos tantum valet res judicata inter quos judicatum est; res enim inter alios judicatas aliis neque prodesse neque nocere sæpè constitutum est.

PARS SECUNDA.

DE TESTIBUS.

His quidem de probationibus generaliter dictis, de speciali probationis specie, scilicet de testibus, videamus.

Qui in jure ab aliquo litigantium evocantur, ut quod de facti lite controversi veritate sciunt denuntient, testes dicuntur : quod autem de eo facto exponunt testimonium est.

Testimoniorum usus frequens et necessarius est ; adhiberi testes possunt non solùm in criminalibus causis sed etiam in pecuniariis litibus, sicubi res postulat.

Tanta verò Romæ testibus adhibebatur fides ut testimonia instrumentis potiora viderentur; quod quidem priùs obtinebat; posteà verò constitutum est solâ testatione probatam, nec aliis adminiculis approbatam causam nullius esse momenti.

Testium facilitatem, ut possibile erat, resecans, Justinianus omnibus prædixit eos qui in scriptis à se debita retulerint non facile audiri si dicant omnis debiti vel partis ejus se sinè scriptis solutionem fecisse, velintque viles et forsitan redemptos testes super hujusmodi solutione producere, nisi quinque testes idonei et summæ atque integræ opinionis præstò fuerint solutioni celebratæ, iique cum sacramenti religione deposuerint sub præsentiâ suâ debitum esse solutum.

Sin verò facta quidem per scripturam securitas esset, fortuito autem casu vel naufragii, vel incendii, vel alterius infortunii perempta, tunc licebat his qui hoc perpessi erant, causam peremptionis probantibus, etiam debiti solutionem per testes probare damnumque ex amissione instrumenti effugere.

Omnes quidem testimonii perhibendi jus habent cives quibus testimonium non interdicitur. Quidam autem a dicendo testimonio excusantur.

Etiam mulieres testimonium perhibere possunt : ex eo enim quòd prohibet lex Julia de Adulteriis testimonium dicere condemnatam mulierem, colligitur etiam mulieres testimonii in judicio dicendi jus habere. Sed in instrumentis et præsertim in testamento conficiendo mulieres quidem testes fieri non poterant. Qui autem minor viginti quinque annis erat propter animi et judicii fragilitatem ad testimonium dicendum citari non debebat.

Quibusdam autem velut indignis testimonii jus tollebatur : ità fit ut in testimonium accusator citare non debebat eum qui judicio publico reus erat; repetundarum quoque damnatus nec ad testamentum nec ad testimonium poterat adhiberi. Item ob carmen famosum damnatus intestabilis erat. Adulterii damnatus ad testamentum faciendum testis non adhibebatur.

Non autem omnes testimonii jure fruentes nullo discrimine evo candi erant : eos enim testes ad veritatem juvandam adhiberi oportet qui omni gratiæ fidem religioni judiciariæ debitam possent præponere, et ab his præcipuè exigendus est testimoniorum usus quorum fides non vacillat ; qui verò adversùs fidem suæ testationis vacillant audiendi non sunt.

Testes quidem alii sunt de scientiâ, qui videlicet deponunt se scire rem itâ gestam esse, eo quod proprio sensu, visu scilicet vel auditu deprehenderunt. Tale testimonium ad probationem requiritur, quia non possunt testes certum habere factum extraneum et sensibus perceptibile, nisi per aliquem sensum illud perceperint. Alii verò testes sunt qui deponunt se credere rem itâ esse quia à fide dignis audierint eam itâ fuisse : hi quidem multùm à proprietate testium deficiunt, quùm testis de suâ scientiâ deponere debeat. et præsentem vidisse oporteat id de quo testificatur factum.

Quibusdam autem, testimonii licet jus habentibus, in quibusdam litibus testificari non licebat : itâ fit ut omnibus in re propriâ dicendi testimonii facultas rectè denegáta sit, cùm nullus idoneus testis in re suâ intelligatur ; hâc quidem prohibitione testificari vetantur non ipsi tantùm litigantes, sed hi etiam qui quodammodò eorum implicantur commodis, veluti cognati et liberti.

Lege Juliâ judiciorum publicorum cavetur ne invito denuntietur ut testimonium dicat adversus socerum, generum, vitricum, privignum, sobrinum, sobrinam, sobrino natum, eosve qui priore gradu sint, (et generi quidem appellatione sponsum quoque fliæ contineri placet, item soceri sponsæ patrem.) Imò nec volentes adversùs se invicem ad testimonium parentes et liberi admittendi sunt, nam testis idoneus pater filio aut filius patri non est ; et etiam jure civili domestici testimonii fides improbatur.

Servum pro domino, quemadmodùm adversùs eum interrogari non posse, pro facto autem suo interrogari posse non ambigitur ; sed notandum est quod servi responso tunc credendum est cùm alia probatio ad eruendam veritatem non sit.

Quod autem de parentum vel cognatorum testimonio suprà dictum est rectè audiendum ; si quidem testis idoneus pater filio aut filius patri non est, nullâ lege nec ratione pater et filius qui in potestate ejus est, item duo fratres qui in ejusdem patris potestate sunt, testes utrique in eodem testamento vel eodem negotio fieri prohibentur, quoniam nihil nocet ex unâ domo plures testes alieno negotio adhiberi.

Testes autem quos accusator de domo produxerit interrogari non placuit.

2

Mandatis cavetur ut præsides attendant ne patroni in causâ cui patrocinium præstiterunt testimonium dicant ; si enim partem cui patrocinium præstiterunt testimonio juvarent, suspiciendi testimonii locus esset ; si verò adversùs eam testificarentur, inhonestè agerent, aliud patrocinio, aliud testimonio dicentes, et eo quoque casu suspiceretur eorum testimonium.

Ubi numerus testium non adjicitur, etiam duo sufficiunt ; sed necesse est ut duo saltem testes audiantur, undè dici solet : testis unus, testis nullus ; cùm sancitum sit unius testis responsionem non audiri etiam præclaræ curiæ honore præfulgentis. In quibusdam autem causis duobus testibus non satis est : ità Justinianus constituit eos qui à se debita in scriptis retulerint non facilè audiri dicentes se sine scriptis solvisse, nisi quinque testes idonei et summæ atque integræ opinionis cum sacramenti religione deposuerint sibimetipsis præsentibus debitum esse solutum.

Item , si de cognatione litigatur , postquàm is qui generis probationem poscit ante omnia juraverit se existimantem non esse cognatum adversarium hoc allegare , tunc is à quo petuntur probationes eas debet exhibere. Opus est autem in hujusmodi demonstratione testibus quinque si non suppetunt instrumenta ad probationem idonea; si verò suppetunt instrumenta idonea tribus testibus sat erit.

Cuique licet quot ad litem necessarios putaverit testes producere; sed judices moderentur, et eum solum numerum testium quem necessarium esse putaverint evocari patiantur; ne effrænatâ potestate ad vexandos homines superflua multitudo testium protrahatur.

Nullo autem modo partem adversam quis cogere potest ad exhibendos eos per quos sibi negotium fiat; intentionis enim suæ proprias afferre debet actor probationes , non autem adversario contrarios sibi producendi testes necessitatem imponere potest.

In testimoniis autem dignitas, fides , mores , gravitas examinanda sunt. Testium fides diligenter examinanda est : ideòque in personâ eorum exploranda erit in primis conditio cujusque, utrùm quis decurio an plebeius sit ; et an honestæ et inculpatæ vitæ , an verò notatus quis et reprohensibilis ; an locuples vel egens sit et lucri causâ quid facilè admittat, vel an inimicus ei sit adversùs quem testimonium fert, vel amicus ei pro quo testificatur : nàm si careat suspicione testimonium, vel propter personam à quâ fertur, quæ honesta sit ; vel propter causam quòd neque lucri , neque gratiæ , neque inimicitiæ causa sit, admittendus est.

Ideòque divus Hadrianus Vivio Varo legato provinciæ Ciliciæ rescripsit eum qui judicat magis posse scire quanta fides habenda sit testibus. Ejusdem quoque principis de excutiendâ testium fide in hæc verba rescriptum extat :

« Quæ argumenta ad quem modum probandæ cuique rei sufficient nullo certo modo satis definiri potest. Aliàs numerus testium, aliàs dignitas et auctoritas, aliàs veluti consentiens fama confirmat rei de quâ quæritur fidem. Hoc ergò solum tibi rescribere possum summatim non utique ad unam probationis speciem cognitionem statim alligari debere, sed ex sententiâ animi tui te æstimare oportere quid aut credas aut parùm probatum tibi opineris. »

Si testes omnes ejusdem honestatis et existimationis sint, et negotii qualitas ac judicis motus cum his concurrat, sequenda sunt omnia testimonia. Si verò ex his quidam aliud dixerint, licet impari numero credendum est , sed quod naturæ negotii convenit , et inimicitiæ aut gratiæ suspicione caret; non enim ad multitudinem respici oportet, sed ad sinceram testimoniorum fidem.

Cùm autem apud compromissarios judices testes fuissent producti , variatum erat utrùm deberet eorum depositione in judicio litigator ubi, an non esset audiendus ; à Justiniano autem sancitum est si quidem in compromissis aliquid pro hujusmodi causâ statutum sit, hoc observari. Sin autem nihil conventum est in hujusmodi casibus , si quidem supersint testes licentiam habere eum contrà quem depositiones eorum proferuntur, si eas recusaverit, concedere testes iterùm adduci et non opponere eis quod jam testimonium suum dederint; vel si hoc concedere minimè voluerit , depositiones eorum quasi factas accipere , omni jure legitimo quod ei competit adversùs eas servato. Sin autem ab hâc luce omnes subtracti sint, tunc necessitatem ei imponi, fide scripturæ approbatâ in quâ depositiones eorum referuntur, eas quasi factas habere. Si verò res permixtæ fuerint , et quidam ex his mortui, alii viventes, tunc in superstitum quidem testimoniis eamdem electionem servari litigatori adversùs quem testimonia proferuntur; in morientium autem personis, depositiones eorum non esse respuendas , omni , secundùm quod prædiximus , adversùs eas et testes quod ei competit integro reservato.

Cùm autem optimæ licèt famæ et omni suspicione major testis errare possit , testimoniis non alligatur judicantis fides , sed ad illius officium pertinet ejus quoque testimonii fidem quod integræ frontis homo dixerit perpendere.

Quùm testibus opus sit , sive ad testamentum conficiendum sive ad instrumentum , rogati quidem , non fortuiti vel transeuntes veniant. Idem est si post solutionem intersint confessioni creditori dicentis pecuniam sibi debitam solutam fuisse.

Si quis in actis et instrumento testimonium perhibuerit , et lis quidem moveatur de ipsâ re in actis vel in instrumento relatâ , testificari debet , quamvis aliud præscribat forum.

Constitutione à Justiniano latâ statutum est non solùm in criminalibus causis , sed etiam in pecuniariis litibus quemlibet cogi testificari quæ scit cum jurisjurandi datione , aut jurare quod nescit ; exceptis tamen personis eorum qui legibus prohibentur testificari et eorum qui vel illustres dicuntur , vel suprà illustres dignitate præfulgent ; si quidem degunt in civitate in quâ lis ordinatur , per propriam testificantur vocem ; si verò absunt , partium mittuntur procuratores , ut coràm eis quæ sciunt testes deponant , vel se nescire abjurent.

Si quandò invitos testes in pecuniariis causis quis trahere maluerit , et testes quidem suâ sponte fidejussionem suæ personæ sinè damno præstare velint , hoc fieri ; sin autem noluerint , non carcerali custodiæ detrudi , sed sacramento eos committi oportet. Si enim pro litis certamine jusjurandum testium credendum esse putaverint qui eos produxerint , multò magis præsentiam testium sacramento debent credere.

Testes per quamcumque scripturam testimonium non proferunt , sed præsentes de his quæ viderunt et noverunt veraciter testimonium dicunt ; sed cum minimè oporteat testes pro alienis commodis suas invenire difficultates , non amplius coguntur testes judicem adire nisi quindecim diebus ab eo quo fuerint admoniti. His autem diebus effluentibus testibus licet discedere à judice nullam habente licentiam eos postquàm abfuerint iterùm retrahere.

Jusjurandi religione testes priùsquàm perhibeant testimonium arctari oportet.

Non temerè evocandi sunt per longum iter : et multò minùs milites à signis vel muneribus perhibendi testimonii causâ ; quod autem cujusque provinciæ consuetudine temperandum.

Inviti testimonium dicere non coguntur senes, valetudinarii , vel milites, vel qui cum magistratu rei publicæ causâ absunt, item publicani, scilicet qui conducunt publica vectigalia et exigunt, item is qui non detractandi testimonii causâ aberit , et qui quid exercitui præbendum conduxerit.

Sive criminalis, sive pecuniaria causa sit, à judicante cavendum est ut venturis testibus competentes ab his per quos fuerint postulati præstentur sumptus , quùm iniquum esset cuique litigantium quos voluerit cives suis subtrahere negotiis, et longi itineris labore et impendio vexare , nisi eos impensæ testimonii dicendi causâ factæ indemnes præstaret.

Qui falsa testificatus erat, ut falsi scriptor conveniebatur, et in ipso testimonii dati momento suspectus mendacii tormentis subjiciebatur ; et si, causâ instructâ, conveniretur, à judicibus competenter puniendus erat; nec armatam fortè militiam , nec quamlibet aliam fori præscriptionem ad evadendum judicis motum quem vel testimonii improbitas vel rei qualitas flagitaverit prætendere poterat; sed omnes, qui in civili scilicet causâ suum præbebant testimonium , separato et tanquàm antè judicium interim deposito exceptionis fori privilegio , hujusmodi præsidio denudati ità ad judicantem veniebant ut quicumque aures ejus offenderit non dubitaret sibimet formidandum, datâ cuique judicum absque ullâ fori præscriptione in testes quorum voces falsitate vel fraude non carere perspexerit animadvertendi licentiâ ; et si qui ex falso testimonio condemnatus erat contrà falsò testatum civiliter agere vellet , omne quod sustinuerat damnum ab ipso accipiebat.

DROIT FRANÇAIS

DE LA PREUVE TESTIMONIALE

HISTORIQUE. — DIVISION.

Dans la vie civile, il est souvent besoin de rechercher et de découvrir la vérité de faits dont on n'a pas été témoin; alors, il est nécessaire de recourir au témoignage de ceux qui ont connaissance de ces faits, car c'est dans bien des cas le seul moyen de savoir comment ces faits se sont passés.

Que ce témoignage soit consigné par écrit, au moment même où se passe le fait dont il importe de conserver le souvenir, ou que ce fait reste gravé dans la mémoire de ceux qui l'ont vu arriver, et que, postérieurement ils en déposent, peu importe; c'est toujours par leur témoignage écrit ou verbal que ce fait vient à notre connaissance. Dans le premier cas, c'est la preuve qu'on appelle littérale; dans le second, la preuve orale ou vocale; et ces deux genres de preuves ne sont que des espèces particulières de la preuve par témoins. On appelle habituellement la première, preuve littérale ou preuve par écrit ; la seconde porte plus spécialement le nom de preuve testimoniale : c'est de cette dernière seulement que nous allons nous occuper.

La preuve testimoniale orale est de beaucoup plus ancienne que la preuve écrite. Dès lors qu'il y a eu des hommes en société, ces hommes ont nécessairement eu entre eux des relations, et de ces relations des contestations n'ont pas tardé à surgir ; et comme à l'enfance des sociétés et des peuples l'écriture était généralement inconnue, qu'il était dès lors impossible de prouver les faits en litige autrement que par le témoignage oral de ceux en présence desquels ces faits avaient eu lieu, il a bien fallu que ceux qui devaient juger les différends, patriarches, rois, magistrats, arbitres, peu importe le nom qu'on leur donne, eussent recours à la déposition des témoins qui avaient vu se passer les faits litigieux, lorsqu'eux même n'étaient pas au nombre de ces témoins.

Plus tard l'écriture a été inventée ; peu à peu, son emploi devenant plus facile, l'usage s'en est généralisé ; et on a pu rédiger, au moment même où elles avaient lieu, les conventions des parties. Il s'est ainsi formé un nouveau mode de preuve, employé concurremment à l'ancien. Mais la preuve testimoniale, pour n'être plus exclusivement employée, a cependant continué à servir souvent, et l'a même longtemps emporté sur la preuve par écrit.

A Rome, c'était de la preuve testimoniale que tirèrent longtemps toute leur force les actes écrits. Ils ne servaient même guère dans le principe, qu'à rendre admissible, en cas de contestation, le témoignage du tabellion qui, comparaissant en personne, venait attester, sous la foi du serment, que les faits s'étaient passés ainsi que le relatait l'acte, et reconnaître que l'acte avait bien été écrit par lui ; si le tabellion était mort, il fallait appeler les témoins qui avaient signé l'acte ; enfin, quant aux actes faits et signés seulement par les parties contractantes, leur force dépendait uniquement de la bonne foi des parties, à ce point que si l'écriture ou les signatures étaient déniées, il ne restait que la ressource du serment.

Et tandis que la preuve écrite n'obtenait qu'une force si minime,

toutes conventions verbales pouvaient être prouvées par la déposition des témoins ; bien plus, si l'acte écrit et les dépositions orales des
témoins qui l'avaient signé ne s'accordaient pas , les témoignages
l'emportaient sur l'écriture.

Ainsi en fut-il jusqu'à Justinien, qui, par une constitution insérée
dans le Code, restreignant autant que faire se peut , dit-il , la trop
grande facilité de produire des témoins, défendit que lorsqu'on aurait
constaté une créance par écrit , on pût en prouver par témoins le
paiement , autrement qu'en produisant cinq témoins intègres , attes-
tant, sous la foi du serment, qu'ils étaient présents au paiement de
tout ou de partie de la créance. Cette restriction apportée par Justinien
à l'emploi de la preuve testimoniale, et la seule possible d'après ce
grand législateur, laissait, on le voit, la plus grande latitude à l'usage
de cette preuve.

Si, après avoir constaté qu'à Rome la preuve par témoins, même après
la restriction mise par Justinien à son admissibilité, l'emportait de beaucoup sur la preuve écrite, nous cherchons à savoir quelle force elle
avait chez les peuples germains, et notamment chez les Francs, nous
voyons que chez ces peuples son emploi était plus général encore qu'à
Rome.

L'écriture était , on le sait , tout à fait étrangère aux mœurs et
coutumes de nos aïeux ; mais , en revanche , il fallait souvent avoir
recours aux dépositions orales des témoins ; aussi les conventions
avaient lieu en présence de témoins auxquels , pour que la mémoire
des conventions se conservât plus longtemps , on avait soin de
joindre un certain nombre d'enfants qu'on forçait , par des moyens
appropriés à leur âge , mais assurément fort peu de leur goût ,
de prêter, à ce qui se passait devant eux , la plus sérieuse attention.

Lorsqu'il y avait lieu de recourir à la déposition de témoins , ils
devaient être ingénus , honnêtes , purs de toute condamnation infa-
mante, et venir à jeûn jurer de dire la vérité ; et lorsque l'une des
parties déférait à l'autre le serment, ce qui avait lieu fréquemment,
celui auquel le serment se trouvait déféré devait non-seulement le
prêter , mais encore , le plus souvent , produire un certain nombre
de personnes prises dans son voisinage et venant affirmer, sous la foi

3

du serment, qu'ils croyaient qu'un tel a dit vrai, qu'un tel n'est pas coupable.

Mais ces personnes, que les auteurs appellent *co-juratores,* n'étaient pas des témoins ordinaires, et, sous certains rapports, ils ressemblaient plutôt à des jurés qu'à des témoins.

Peu à peu les Francs en contact avec les Romains établis dans les Gaules et avec les prêtres chrétiens qui adoucissaient et changeaient leurs mœurs, en même temps qu'ils leur faisaient quitter le culte d'Odin et de Teutatès pour la religion que Jésus-Christ était venu du ciel prêcher à l'humanité dégradée, se civilisèrent, et l'usage de l'écriture se répandit parmi eux; et, dès que l'écriture commença à se propager, il arriva chez les Francs ce qui avait eu lieu chez les autres peuples, c'est-à-dire que les témoignages écrits commencèrent d'abord à être employés concurremment avec les témoignages verbaux, que peu à peu ils supplantèrent, de sorte que l'ancienne maxime « témoins passent lettres » cessa d'être vraie, et fut remplacée par la maxime contraire « lettres passent témoins. »

Ce changement radical survenu dans les mœurs fut consacré par les lois. En 1566, Charles IX rendit, sur la proposition du chancelier de l'Hospital, la célèbre ordonnance de Moulins, dont l'article 54 porte que :

« Dorénavant de toutes choses excédant la somme ou valeur de
» cent livres, pour une fois payés, seront passés contrats par devant
» notaires et témoins, par lesquels contrats seulement sera faite et
» reçue toute preuve desdites matières. Sans recevoir aucune preuve
» par témoins outre le contenu audit contrat, ni sur ce qui serait
» allégué avoir été dit ou convenu avant icelui, lors et depuis. En
» quoi n'entendons exclure les conventions particulières et autres qui
» seraient faites par les parties sous leurs seings, sceaux et écritures
» privées. »

Cette ordonnance de Moulins, contre laquelle, au premier moment, on éleva quelques objections, fut bientôt reconnue parfaitement bien rendue, et Boiceau nous apprend que, dans ce siècle si fécond en grands jurisconsultes, aucune loi ne fut mieux reçue.

La même obligation de passer acte écrit de toute chose excédant la valeur de cent livres se retrouve dans l'article 2, titre xx de l'ordonnance de 1667, ainsi que la prohibition d'admettre la preuve testimoniale au-delà de cette somme, de même que, dans le cas où s'agissant d'une somme ou valeur moindre de cent livres, il y a un acte écrit.

Le Code Civil, livre III, chapitre VI, section 2, traite de la preuve testimoniale. Le Code de Procédure consacre tout un titre à réglementer les formes de cette preuve. L'article 109 du Code de Commerce en laisse en matière commerciale l'admission à la discrétion du juge. Nous allons examiner successivement les dispositions contenues sur cette preuve dans ces trois Codes.

Ire PARTIE.

De la preuve testimoniale.

Sa nature. — Ses effets. — Cas où elle est permise.
(Code Civil, articles 1341 à 1349.)

Quelque fondés que soient les droits qu'on prétend avoir, quelque exactes que puissent être les vérités qu'on avance, il ne suffit pas de les exposer, il faut convaincre les juges de la réalité de ces droits, ou de l'existence de ces vérités ; en un mot, il faut les prouver.

Qu'est-donc qu'une preuve ?

« La preuve est, en général, dit Toullier, tout ce qui détermine un » homme raisonnable à juger qu'une chose existe ou qu'elle n'existe » pas, qu'elle est fausse ou vraie, légitime ou condamnée par » la loi : c'est, en un mot, tout ce qui persuade l'esprit d'une » vérité. »

La vérité n'est autre chose que ce qui est ; connaître une vérité, c'est savoir si une chose est ou n'est pas, et comment, de quelle manière elle est.

Comme il y a des vérités de diverses sortes, il y a aussi diverses sortes de preuves : ainsi, une vérité philosophique et une vérité mathématique ne se prouveront ni de la même manière ni par les mêmes moyens ; chaque science a ses règles particulières sur le mode de preuve qui lui convient.

De même, la loi civile a réglé les manières dont on doit se servir pour prouver une vérité judiciaire.

« On appelle preuve en justice, dit Domat, les manières réglées » par les lois pour découvrir et pour établir avec certitude la vérité » d'un fait contesté. »

Les preuves judiciaires les plus usuelles sont la preuve littérale, la preuve testimoniale, les présomptions, l'aveu de la partie et le serment.

Aucune de ces preuves n'établit directement et avec une évidence mathématique l'existence du fait contesté ; ainsi, la preuve littérale ne prouve directement qu'une chose ; savoir que dans tel acte telles et telles conventions sont relatées ; mais l'acte n'a-t-il pas pu être et n'a-t-il pas été fabriqué frauduleusement ; les signatures qui y sont apposées y ont-elles réellement été mises par ceux dont elles retracent le nom ; les conventions relatées dans l'acte sont-elles bien celles qu'ont voulues et consenties les parties ? Rien de tout cela n'est directement prouvé par l'exhibition d'un contrat ; mais, lorsque ce contrat est extérieurement en bonne forme, on présume que toutes ces conditions sont remplies.

Dans la preuve testimoniale proprement dite, les dépositions même complètement unanimes des témoins ne prouvent directement au magistrat qui les entend qu'une chose, savoir que les témoins ont raconté de telle manière, qu'ils ont raconté exactement de la même manière, si l'on veut, le fait dont il s'agit ; ces dépositions ne prouvent pas par elles-mêmes et par elles seules que le fait en litige s'est passé ainsi que l'ont dit les témoins ; il pourrait arriver que les témoins se fussent trompés et eussent cru voir ce qui, en réalité, n'a pas eu lieu ; il pourrait se faire qu'ils fussent de mauvaise foi, et que, pour induire les magistrats en erreur, ils racontassent les faits autrement qu'ils ne les ont vus ; la foi due à leur témoignage ne repose donc que sur cette double présomption qu'ils ne sont ni trompés ni trompeurs.

De même les présomptions légales, de même l'aveu de la partie ou son serment ne donnent pas non plus la certitude, mais seulement la présomption de la vérité de certains faits.

Et comme les faits qu'il faut prouver en justice ne peuvent pas se prouver géométriquement, la présomption de la vérité de ces faits résultant des dépositions des témoins est souvent si forte qu'elle donne une certitude complète de leur existence.

Observons d'ailleurs que la preuve littérale, que l'aveu ou le serment de la partie ne sont que des variétés de la preuve testimoniale. Dans la preuve par écrit, les témoins attestent par écrit au moment même où les faits ont lieu la manière dont ils se passent ; dans la preuve testimoniale proprement dite, les témoins viennent lorsqu'ils en sont requis au cours d'un procès, raconter, sous la foi du serment, comment se sont passés des faits qu'ils ont vus et dont ils se souviennent.

De même l'aveu de la partie n'est que le témoignage qu'une des parties rend soit extrajudiciairement, et souvent dans un acte où se trouvent en même temps consignées les dépositions de témoins ; soit judiciairement, au cours d'une instance, à la vérité d'un fait ; et le serment n'est que ce témoignage de la partie rendu en justice avec l'accomplissement de certaines formes plus solennelles.

La preuve testimoniale est donc pour ainsi dire la preuve judiciaire par excellence, celle dont les autres preuves usitées en justice, sans en excepter la preuve littérale elle-même, ne sont que des variétés, des espèces particulières.

Les témoins sont des personnes appelées en justice pour dire, sous la foi du serment, ce qu'ils savent sur un ou plusieurs faits contestés. La déclaration qu'ils font est leur témoignage.

La preuve testimoniale est de droit naturel ; aussi était-elle originairement employée dans tous les cas, et il a fallu des lois positives pour en restreindre l'usage. Les motifs des restrictions apportées par les lois civiles à l'emploi de cette preuve sont la crainte de la multiplicité des procès, motif exprimé dans le préambule de l'ordonnance de Moulins, et aussi la crainte de la subornation des témoins, motif dont l'ordonnance ne parle pas, mais qui est indiqué par Pothier.

Si les lois civiles ont restreint l'usage de la preuve testimoniale, aucune d'elles, du moins que nous sachions, n'en a défendu l'emploi en général. L'admission de cette preuve est donc la règle, et la prohibition de la recevoir, l'exception ; d'où il suit qu'on doit toujours l'admettre, à moins qu'un texte formel n'en défende l'usage dans le cas particulier où l'on se trouve ; mais les textes qui en restreignent l'emploi ont une telle extension que les cas où elle reste permise sont plus rares que ceux dans lesquels elle est défendue.

La prohibition, faite par l'ordonnance de Moulins et par l'ordonnance de 1667, de recevoir la preuve testimoniale au-dessus de cent livres, a été maintenue et même étendue par l'article 1341 du Code Civil, car cent cinquante francs en 1808, date de la promulgation du titre des Contrats ou obligations conventionnelles en général, étaient loin de valoir cent livres, valeur de 1667, et surtout de 1566, date de l'ordonnance de Moulins.

Le Code a encore restreint l'usage de la preuve testimoniale en appliquant la défense de la recevoir « au cas où l'action contient, » outre la demande du capital, une demande d'intérêts qui, réunis » au capital, excèdent la somme de cent cinquante francs. » (Article 1342.)

Au-dessous de cette somme de cent cinquante francs, la preuve testimoniale reste donc permise. Sans doute, au-dessous comme au-dessus de cette somme, la multiplicité des procès reste à craindre, ainsi que les faux témoignagnes ; mais outre que pour des sommes si minimes, il n'est guère à supposer que la subornation des témoins ait lieu, on eût, en défendant complètement la preuve par témoin, apporté des difficultés bien grandes à une foule de petites transactions qui ont coutume de se faire promptement et sans frais, et au lieu de prévenir un mal incertain, on eût autorisé un mal bien plus grand et bien plus certain, en donnant toutes les chances possibles à la mauvaise foi.

Même au-dessous de cent cinquante francs, la preuve testimoniale est quelquefois défendue, par exemple dans le cas où un bail fait sans écrit n'a reçu aucune exécution, et que l'une des parties le nie, quelque modique qu'en soit le prix, et quoiqu'on allègue, qu'il y a eu des arrhes données. Dans ce cas, il ne reste que la ressource de déférer le serment à celui qui nie le bail. (Article 1715 du Code Civil.)

De même aux termes de l'article 1716 : « Lorsqu'il y aura contestation sur le prix du bail verbal dont l'exécution a commencé, et qu'il n'existera point de quittance, le propriétaire en sera cru sur son serment, si mieux n'aime le locataire demander l'estimation par experts ; auquel cas les frais de l'expertise restent à sa charge, si l'estimation excède le prix qu'il a déclaré. »

La défense de recevoir la preuve testimoniale dans les cas spécifiés par la loi s'adresse aux magistrats, car ce sont eux qui reçoivent la preuve que les parties ne peuvent qu'offrir : ils doivent donc la rejeter quand la loi la défend, et lors même que toutes les parties consentiraient à son admission et la demanderaient d'un commun accord, les parties ne pouvant pas dispenser le juge d'obéir aux prescriptions de la loi, quand ces prescriptions intéressent l'ordre public et les bonnes mœurs ; et la défense de recevoir la preuve testimoniale dans certains cas est d'ordre public et intéresse essentiellement les bonnes mœurs, puisqu'elle a été édictée pour obvier à la multitude de procès que son admission illimitée faisait naître, et pour rendre moins fréquents les faux témoignages et les subornations de témoins.

Cette défense est même tellement rigoureuse que : « celui qui a » formé une demande excédant cent cinquante francs ne peut plus être » admis à la preuve testimoniale, même en restreignant sa demande » primitive. » (Article 1343.)

La preuve testimoniale ne peut non plus être admise, lorsque la somme, même moindre de cent cinquante francs qui fait l'objet de la demande, est déclarée être le reste ou faire partie d'une créance plus forte que ce chiffre, si cette créance n'est pas prouvée par écrit.

Peu importe, en effet, que le chiffre de la demande soit inférieur à cent cinquante francs ; ce n'est pas au moment de la demande, mais à celui du contrat que les parties doivent observer les prescriptions de la loi, qui leur ordonne de passer un acte : ici, il est vrai, la subornation des témoins n'est guère plus à craindre que lorsque la créance tout entière ne dépasse pas cent cinquante francs ; mais le créancier est à bon droit puni de n'avoir pas observé les prescriptions de l'article 1341.

En désobéissance à la loi, il n'a pas passé acte d'une convention qu'elle lui ordonnait de prouver par écrit ; la loi le punit en ne lui permettant pas d'en faire preuve par un autre moyen que celui qu'elle lui ordonnait d'employer. La convention, vicieuse dans le principe, en ce sens du moins que par suite du défaut d'acte écrit la preuve n'en était pas permise, ne peut par suite d'un paiement partiel cesser d'être vicieuse, et obtenir d'être prouvée au moyen d'une preuve que la loi lui refusait ; c'est une application du principe : *Quod initio vitiosum est nullo potest temporis tractu convalescere.*

Et si, voulant éluder en partie la prohibition de la loi dont il a violé les prescriptions, le créancier auquel il est dû plus de cent cinquante francs, pour ne perdre qu'une partie de sa créance, se borne dans son action à demander la somme de cent cinquante francs ou une somme inférieure à ce chiffre, par lui prêtée, dit-il, en présence de témoins, le Tribunal admettra la preuve par témoins ; mais lorsque les témoins auront déclaré qu'il a prêté devant eux une somme de trois cents francs, par exemple, la réticence frauduleusement faite par lui ne saura lui profiter, car il aura été fait preuve par témoins d'une convention au-dessus de cent cinquante francs, preuve défendue par le Code, et à laquelle par conséquent les juges ne peuvent avoir égard. Et d'ailleurs cette preuve d'un prêt de trois cents francs ne prouve pas le prêt de cent cinquante francs qui fait l'objet de la demande. Des témoins ont déposé qu'il a été prêté devant eux trois cents francs ; le demandeur prétend, au contraire, avoir prêté cent cinquante francs devant eux ; leur déposition ne prouve donc pas sa demande : ou du moins s'ils savent et affirment que les cent cinquante francs réclamés sont le restant ou font partie du prêt effectué en leur présence, ou si le demandeur le prétend ; il y a lieu d'appliquer l'article 1344, et la somme réclamée étant déclarée faire partie d'un prêt dont la preuve testimoniale est défendue, les juges ne pourront admettre cette preuve ni y avoir égard.

Que si, au contraire, il était dû d'abord au créancier une somme de mille francs, sans qu'il y eût d'acte, et que le débiteur, après avoir payé neuf cents francs, eût promis, en présence de témoins, de payer les cent francs restant dûs , le créancier pourrait et devrait être admis à prouver par témoins que le débiteur a promis de lui payer cent francs ; car il ne demande point à prouver un prêt au-dessus de cent cinquante francs , il ne demande point à prouver qu'il lui est dû une somme faisant partie de ce prêt ; il entend prouver une convention par laquelle son débiteur s'est engagé , par devant témoins , à lui payer cent francs ; la preuve par témoins de cette convention est permise, les juges pourront l'admettre.

Si le même créancier a contre le même débiteur plusieurs créances inférieures à cent cinquante francs , mais que ces créances réunies excèdent cette somme, et qu'elles ne soient pas prouvées par écrit, la preuve par témoins n'en peut être admise, à moins que ces droits ne lui proviennent de personnes différentes.

S'il forme sa demande par un même exploit , on n'admettra la preuve d'aucune de ces créances , l'article 1345 le défend ; et, d'un autre côté, s'il ne réclame que quelques-unes de ces créances par un premier exploit, les demandes qu'il pourra faire ensuite des autres ne seront pas reçues. (Article 1346.)

Si le créancier a , par un premier exploit , demandé une ou plusieurs créances exigibles , et qu'il en ait contre le même débiteur d'autres dont le terme ne fût pas échu lors de sa première demande, il est évident que, ne pouvant être réclamées par le même exploit, elles pourront l'être plus tard , pourvu toutefois qu'elles n'excèdent pas cent cinquante francs.

Après avoir défendu en général la preuve testimoniale , lorsqu'il s'agit d'une somme ou valeur au-dessus de cent cinquante francs, le Code pose deux exceptions à cette règle dans les articles 1347 et 1348 ; il en laisse l'usage permis dans le cas où il existe un commencement de preuve par écrit, et dans celui où il n'a pas été possible au créancier de se procurer une preuve littérale.

Examinons ces deux exceptions à la prohibition faite par le Code d'admettre la preuve testimoniale au-dessus de cent cinquante francs.

Cette preuve, d'après l'article 1347, n'est pas défendue lorsqu'il y a un commencement de preuve par écrit.

Qu'est-ce donc qu'un commencement de preuve par écrit ?

4

« On appelle ainsi , d'après l'article même qui nous occupe , tout
» acte par écrit qui est émané de celui contre lequel la demande est
» formée ou de celui qu'il représente. »

Les écrits émanés de celui auquel on les oppose peuvent se ranger
en quatre classes :

1° Les écrits auxquels il ne manque que la reconnaissance ou la vérification de l'écriture pour faire preuve complète ; par exemple , un
acte sous-seings privés en bonne forme ;

2° Les actes auxquels il manque quelque chose dans la forme, actes
nuls par défaut de forme, prescrits, énonciatifs ;

3° Les écrits dont on peut seulement induire la vraisemblance du
fait en question ;

4° Ceux qui ne sont pas signés , mais simplement écrits par celui
auquel on les oppose ou par ses auteurs.

Les actes de la première classe font plus qu'un commencement de
preuve, il ne leur manque que la reconnaissance ou la vérification
pour faire preuve complète ; il y a donc lieu, à défaut de la reconnaissance, si elle leur est refusée , de recourir à leur vérification en
justice. Les actes des autres classes ne peuvent que former un commencement de preuve par écrit.

Le Code, faisant application de la définition qu'il donne du commencement de preuve par écrit, dit : que peuvent servir à ce titre les énon-
ciations étrangères à la disposition , contenues dans un acte soit
authentique, soit sous-seings privés. (Art. 1320.)

Lorsque l'original d'un acte n'existe plus, les copies qui, sans l'au-
torité du magistrat ou le consentement des parties , et depuis la
délivrance des grosses ou premières expéditions, auront été tirées sur
la minute de l'acte par le notaire qui l'a reçu, par l'un de ses succes-
seurs, ou par officiers publics qui, en cette qualité, sont dépositaires
des minutes, peuvent , en cas de perte de l'original, faire foi quand
elles ont plus de trente ans. Si elles avaient moins de trente ans, elles
ne pourraient servir que de commencement de preuve par écrit. Les
copies tirées par d'autres sur la minute de l'acte ne peuvent, quelle
que soit leur ancienneté, servir que de commencement de preuve par
écrit. (Art. 1335.)

De même encore, lorsque toutes les minutes d'une année sont perdues , ou que la perte d'une minute particulière , par accident , est prouvée, et qu'il existe un répertoire en règle constatant qu'un acte a été fait à telle date , la transcription de cet acte sur les registres publics ne pourra servir que de commencement de preuve par écrit.

Certains écrits, même non émanés de celui auquel on les oppose, peuvent aussi servir de commencement de preuve écrite , car , si l'article 1347 dit que tout acte émané de celui contre lequel la demande est formée ou de celui qu'il représente , et rendant vraisemblable le fait allégué, est un commencement de preuve écrite , cette disposition est purement énonciative et ne limite point aux écrits qu'elle énumère la faculté de servir de commencement de preuve ; le Code, d'ailleurs, nous fournit lui-même des arguments à l'appui de notre proposition , car, en combinant l'article 1329 qui porte : « Les registres des marchands ne font point , contre les personnes » non marchandes , preuve des fournitures qui y sont portées , sauf » ce qui sera dit à l'égard du serment, » et l'article 1367 qui exige, pour permettre au juge de déférer le serment :

1° Que la demande ne soit pas complètement justifiée ;

2° Qu'elle ne soit pas totalement dénuée de preuves; on arrive facilement à conclure que ces registres, bien que non émanés du défendeur, n'en forment pas moins contre lui un commencement de preuve par écrit qui, permettant au juge de déférer le serment, lui permet à plus forte raison d'admettre la preuve testimoniale.

De même, l'acte de vente consenti à *non domino*, peut former en faveur de l'acquéreur de bonne foi contre l'ancien propriétaire, dont il n'est pas émané, un commencement de preuve suffisant pour autoriser l'acquéreur à prouver par témoins l'époque précise du contrat et le fait de la possession continuée sans interruption pendant dix ou vingt ans depuis cette époque.

Ainsi en est-il de l'interrogatoire sur faits et articles qui, bien que non signé de celui auquel on l'oppose, peut servir de commencement de preuve par écrit des faits qu'il énonce, et suffire pour en faire autoriser la preuve par témoins.

Pour éviter de mettre à la merci de témoins souvent prévenus, toujours corruptibles et quelquefois subornés, l'état et la fortune des hommes, les lois ont ordonné qu'il fût passé acte écrit de toutes choses excédant, d'après les ordonnances, la somme de cent livres, et, d'après le Code, celle de cent cinquante francs ; mais elles n'ont pu assujettir à l'obligation d'une preuve écrite que les conventions susceptibles d'être prouvées par écrit, et dont il est possible de passer des actes : et la preuve testimoniale a dû rester permise dans les cas où il est impossible de se procurer une preuve écrite, ce qu'expriment fort bien ces deux principes formulés par Pothier :

« Celui qui a pu se procurer une preuve écrite n'est pas admis à la preuve testimoniale pour les choses excédant la valeur de cent livres (aujourd'hui cent cinquante francs).

» Toutes les fois qu'il n'a pas été possible de se procurer une preuve écrite, la preuve testimoniale est admise. »

Nous venons de voir comment le premier de ces principes est appliqué sous notre législation, et comment il reçoit exception lorsqu'il y a un commencement de preuve par écrit ; il nous reste à traiter du second que reproduit et applique l'article 1348 qui porte, en parlant des règles relatives à la preuve testimoniale contenues dans les articles 1341, 1342, 1343, 1344, 1345 et 1346 du Code Civil, qu'elles reçoivent exception toutes les fois qu'il n'a pas été possible au créancier de se procurer une preuve littérale de l'obligation contractée envers lui. C'est bien là le second principe posé par Pothier, car les règles dont parle l'article 1348 et auxquelles il fait exception pour le cas où il n'a pas été possible au créancier de se procurer une preuve littérale de l'obligation contractée envers lui, ordonnent précisément de passer acte écrit de toutes conventions excédant la somme ou valeur de cent cinquante francs, et défendent de faire preuve par témoins desdites conventions.

De quelle nature est cette impossibilité qui dispense le créancier de représenter une preuve littérale, et qui, malgré les restrictions apportées par les lois positives à l'emploi de la preuve testimoniale, lui permet, conformément au droit naturel, d'user de cette dernière preuve, quelque élevé que puisse être le montant de la convention. Est-ce une impossibilité physique et absolue ? Évidemment non, car le même article dit que cette exception s'applique :

« 1° Aux obligations qui naissent des quasi-contrats, des délits et des quasi-délits ;

» 2° Aux dépôts nécessaires, faits en cas d'incendie, ruine, tumulte ou naufrage, et à ceux faits par les voyageurs en logeant dans une hôtellerie ; le tout suivant la qualité des personnes et les circonstances du fait ;

» 3° Aux obligations contractées en cas d'accidents imprévus où l'on ne pourrait pas avoir fait des actes par écrit;

» 4° Au cas où le créancier a perdu le titre qui lui servait de preuve littérale, par suite d'un cas fortuit, imprévu, et résultant de force majeure. »

Or, si l'impossibilité de se procurer une preuve écrite des obligations dont parle le premier numéro de cet article, est presque toujours physique et absolue, puisque les obligations nées des quasi-contrats se forment presque toujours sans le fait ni la participation de l'une des parties, notamment dans le quasi-contrat de gestion d'affaires, et que celles résultant des délits ou quasi-délits ne peuvent non plus se prouver par écrit, les malfaiteurs ou délinquants n'ayant pas coutume de constater par écrit leurs méfaits au moment où ils les commettent ; on ne peut du moins prétendre que l'impossibilité de se procurer une preuve littérale des obligations dont parle le second numéro de cet article soit dans le même cas, ni par exemple qu'un voyageur arrivant dans une hôtellerie, soit dans l'impossibilité physique et absolue de se procurer une preuve écrite des dépôts qu'il y fait; mais si l'impossibilité de constater ces dépôts n'est pas physique et absolue, elle est au moins relative et morale ; il y aurait grande difficulté, grand embrrras à se procurer cette preuve, et cette impossibilité a suffi pour que la loi ait expressément rangé ce cas au nombre de ceux où elle déclare impossible de se procurer une preuve littérale.

Il est donc évident qu'elle n'entend par l'impossibilité qui dispense de cette preuve qu'une impossibilité relative, qu'une impossibilité morale, et non pas une impossibilité physique et absolue, et qu'elle laisse aux juges le soin de décider si, d'après les circonstances de la cause, cette impossibilité a ou non existé dans tel ou tel cas déterminé.

Même pour les cas formellement cités dans l'article 1348, il faut, pour que la preuve testimoniale soit admise, qu'il y ait réellement en impossibilité de se procurer une preuve écrite : par exemple, dans le quasi-contrat de gestion d'affaires, celui dont l'affaire a été gérée n'ayant pu se procurer une preuve littérale d'une gestion qu'il ignorait le plus souvent, et qu'en tous cas il n'avait pas ordonnée, devra être admis à prouver par témoins l'existence des obligations qu'il prétend être nées à son profit de la part du gérant par suite de ce quasi-contrat ; mais le gérant ne pourra pas toujours être admis à prouver par témoins l'existence des obligations que la gestion a pu faire naître à son profit, car souvent il a pu, et par suite il a dû s'en procurer, une preuve écrite ; qu'il prétende, par exemple, avoir payé une dette de celui dont il gérait les affaires, et demande à celui-ci le remboursement des sommes qu'il a pu payer en l'acquit du maître de ses deniers personnels, sans retirer de quittance, sera-t-il admis à prouver par témoins ce prétendu paiement s'il excède la somme de cent cinquante francs ? Non, car rien ne lui était plus facile que de retirer une quittance, il devait le faire ; l'impossibilité de se procurer une preuve écrite n'a pas existé pour lui dans ce cas.

De même dans le quasi-contrat de paiement de l'indû, si quelqu'un a payé sans en retirer de quittance, une somme qu'il ne devait pas, il ne pourra, si la somme excède cent cinquante francs, prouver ce fait par témoins, car il pouvait et devait se procurer une quittance.

Remarquons que s'il est vrai que l'impossibilité de se procurer une preuve littérale existe dans les délits et quasi-délits, elle ne s'applique qu'à eux et ne s'étend pas aux faits licites qui les ont précédés. D'où il suit que quand on se plaint d'un délit dont l'existence présuppose la réalité d'un fait ou d'une convention sans lesquels le délit n'eût pu exister, il faut commencer par établir ce fait ou cette convention ; et si cette convention ou ce fait n'étant pas reconnu, la preuve testimoniale de son existence n'est pas admissible, la plainte sera rejetée, puisqu'il n'est pas établi qu'elle soit fondée. C'est ainsi que « l'action criminelle contre un délit de suppression d'état ne pourra commencer qu'après le jugement définitif sur la question d'état » (article 327), car il est évident que si l'état n'a pas existé, sa suppression n'a pu avoir lieu. De même encore, au cas de plainte en bigamie, si le prétendu bigame ou son nouveau conjoint oppose la nullité du premier mariage, on devra d'abord statuer sur cette question préjudicielle d'où dépend la validité ou la nullité du second mariage.

Le numéro 2 de l'article 1348 dit que l'obligation de constater tous faits et conventions au moyen d'une preuve écrite, ne s'applique pas aux dépôts nécessaires faits en cas d'incendie, ruine, tumulte ou naufrage, et à ceux faits par les voyageurs en logeant dans une hôtellerie; il en est de même (numéro 3, même article), au cas d'accidents imprévus où l'on ne pourrait avoir fait d'actes par écrit. C'est qu'en effet, dans tous ces cas, il y a réellement impossibilité de se procurer une preuve écrite. Mais ,si la loi ne pouvait sans injustice défendre dans tous ces cas la preuve testimoniale, elle ne pouvait non plus, sans de graves inconvénients, la laisser permise sans restriction ; aussi après avoir dit qu'elle est permise en cas de dépôt nécessaire ou de dépôt dans une hôtellerie, le Code a-t-il soin d'ajouter : « le tout, suivant la qualité des personnes et les circonstances du fait ; » le juge a donc dans ces cas toute latitude pour l'admettre ou la rejeter.

Enfin, la preuve testimoniale n'est pas défendue lorsque le créancier, par suite d'un cas fortuit, imprévu et de force majeure, a perdu le titre qui lui servait de preuve littérale.

Il serait en effet souverainement injuste de donner au hasard et au malheur l'effet de priver d'un droit légitimement acquis celui qui, pour l'acquérir, s'est conformé à la loi, et auquel on ne peut reprocher aucune négligence ; et, comme le dit Pothier, la même raison qui oblige à recevoir la preuve testimoniale des faits dont la partie qui les allègue n'a pu se procurer un acte, oblige aussi d'admettre à cette preuve celui qui, par un cas fortuit et imprévu, a perdu le titre qui lui servait de preuve littérale.

Aussi toutes les lois qui traitent de la preuve testimoniale, tant en droit romain qu'en droit français, ont-elles constaté qu'elle est permise dans ce cas, à la condition de prouver la perte du titre et l'accident qui l'a causée.

L'accident par suite duquel le titre a été détruit, est un fait ordinairement facile à prouver ; mais ce qui l'est moins, c'est que le titre a péri, et s'il fallait que les témoins l'eussent précisément vu brûler, enlever ou déchirer par des malfaiteurs, il serait pour ainsi dire toujours impossible d'en prouver la perte; aussi suffit-il, d'après tous les auteurs, dont l'opinion est parfaitement conforme à la raison, que les témoins déposent qu'ils ont vu, lu ou entendu lire le titre avant l'accident, et qu'il soit prouvé que le lieu où était ce titre, ou du moins le lieu où celui qui prétend l'avoir perdu, par suite de cas fortuit ou de force majeure, déposait ses titres et papiers, et où par conséquent il est à croire, jusqu'à preuve contraire, que celui dont il s'agit, se trouvait avec les autres, a été brûlé ou pillé, et que tous les papiers ont été détruits ou enlevés, en sorte qu'il soit très vraisemblable que le titre en question a été perdu, volé ou détruit avec les autres. Il est bien évident que si cette preuve suffit le plus souvent à défaut de preuve directe pour prouver la perte du titre, il sera encore préférable de prouver directement cette perte, lorsqu'il sera possible de le faire.

S'il était appris que le titre dont la perte est prouvée était dans la forme authentique, il serait par là même présumé valable à défaut de preuve contraire; s'il était non seulement authentique, mais encore solennel, il faudrait de plus que dans le témoignage de ceux qui l'ont vu, lu ou entendu lire, rien ne pût faire présumer que les formalités essentielles à sa validité aient été omises, de sorte qu'on puisse raisonnablement supposer qu'elles étaient remplies; mais si l'acte perdu était sous-seings privés, et que l'existence de cet acte fût déniée, pourrait-on être admis à prouver qu'il a existé et qu'il a été perdu? Et à quoi pourra servir cette preuve?

L'acte sous-seings privés, on le sait, ne prouve par lui-même ni la vérité des signatures dont il est revêtu, ni l'existence des conventions qu'il exprime; il faut, pour qu'il produise cet effet, que les signatures en soient reconnues ou légalement tenues pour telles.

Si donc je nie l'existence et par suite la signature d'un acte sous-seings privés dont on veut se servir contre moi, et que cet acte soit détruit, que servira de prouver que ce prétendu acte a existé; comment établir que je l'avais souscrit? La signature n'existant plus, sa vérification matérielle est impossible, et je nie qu'elle soit de moi. Il semble au premier abord qu'en ce cas la preuve de l'existence de l'acte, celle des conventions que cet acte contenait, et celle de sa perte seront inutiles ; car que des témoins irréprochables déposent avoir vu et lu ce sous-seings ; qu'ils l'aient vu tomber par accident au milieu d'un brasier qui l'a consumé ou dérober par des malfaiteurs qui l'ont déchiré, rien de cela ne prouve que cet acte ne soit pas faux, ni que la signature dont il est revêtu soit réellement la mienne.

On devra donc admettre fort difficilement en ce cas la preuve de l'existence et celle de la perte de l'acte ; cependant cette preuve est le seul moyen qui reste au créancier de prouver l'obligation souscrite à son profit, et les circonstances peuvent quelquefois lui être si favorables, qu'il serait de la dernière injustice de la lui refuser.

Si, par exemple, il demande à prouver que le sous-seings perdu par cas fortuit a non-seulement été vu et lu par des témoins dignes de foi, mais encore que cet acte a été rédigé et signé, ou reconnu pour vrai par le débiteur en présence de ces mêmes témoins, ou devant d'autres témoins également irréprochables, appelés peut-être tout exprès pour assister à sa confection et à sa signature, ou à sa reconnaissance par le débiteur, et l'ayant peut-être eux-mêmes signé, il semble qu'on ne pourrait lui refuser de faire cette preuve permise par les lois civiles comme par le droit naturel.

Du reste, si l'acte perdu avait été détruit par des personnes intéressées à sa suppression, il serait, quelle que fût sa forme, présumé en règle et parfaitement valable, au moins jusqu'à preuve contraire, et une fois sa teneur et sa perte prouvées, il devrait être exécuté.

Après avoir vu dans quels cas la loi civile défend l'usage de la preuve testimoniale, et dans quelles circonstances elle en permet l'emploi, il nous reste à examiner quelles conditions sont requises pour que les dépositions des témoins puissent faire preuve, et quelle est, par rapport au juge qui l'a reçue, la force de cette preuve.

De ce que nous avons déjà dit, savoir : que la preuve par témoins ne tire sa force que de cette double présomption que les témoins ne se sont pas trompés, et qu'ils ne veulent pas tromper, il résulte qu'il faudra examiner attentivement si ces deux conditions sont remplies, puisque d'elles dépend la foi due aux dépositions.

Pour s'assurer de l'existence de ces deux conditions, trois choses sont à examiner : d'abord, les faits ; en second lieu, la personne du témoin ; enfin, le témoignage en lui-même.

Et d'abord, les faits. Ces faits doivent être possibles, non-seulement en eux-mêmes et d'une manière absolue, mais encore dans les circonstances particulières de la cause.

En outre, si les faits que les témoins racontent sont ordinaires et vraisemblables ; s'ils sont publics et récents ; s'ils se sont passés dans le lieu où les témoins déposent, ou assez près de ce lieu ; s'ils durent encore, ce qui permet de vérifier la déposition des témoins ; on conçoit que les témoignages mériteront une grande confiance.

Mais qu'au contraire les faits soient extraordinaires et invraisem- blables ; qu'ils aient eu lieu en particulier et devant peu de personnes ; qu'ils se soient passés loin du lieu où on fait la preuve et à une époque déjà ancienne ; qu'ils aient été compliqués, difficiles à remar- quer dans leurs détails, et instantanés ou de fort peu de durée ; il est évident que la réunion de toutes ou de quelques-unes de ces circons- tances pourra ne faire accorder qu'une foi bien faible à la déposition des témoins.

En ce qui concerne la personne du témoin ; il faut que le témoin ait vu les faits, qu'il en ait remarqué, qu'il s'en rappelle et en raconte au moins les principaux détails et les circonstances essentielles ; car celui qui n'était pas présent au fait, mais l'a seulement entendu raconter, ne peut, à proprement parler, certifier qu'une chose, savoir que telle personne lui a dit que les choses ont eu lieu de telle et telle manière ; il peut croire le fait véritable, il ne peut pas dire qu'il soit vrai ; c'est, comme on disait autrefois, un témoin *ex auditu alieno,* un témoin *de credulitate ;* il a entendu dire, il croit ; mais il n'a pas vu, il ne sait pas de science certaine. La foi due à ce témoin peut être aussi grande que celle que mérite celui qui a vu les faits, qui les sait (*témoin de visu, de scientiâ*); mais cette foi due au témoin ne s'applique qu'au fait qu'il certifie et qu'il affirme savoir ; et il ne peut certifier, il ne peut affirmer qu'une chose : qu'un tel lui a raconté de telle manière le fait dont s'agit ; aussi la déposition d'un tel témoin aura-t-elle en général fort peu d'intérêt, car il ne s'agit pas de savoir comment un tel a pu raconter un fait que lui-même peut-être n'avait pas vu, qu'il avait peut-être lui-même entendu raconter par d'autres, et on sait combien la vérité s'altère souvent en passant de bouche en bouche dans les conversations ordinaires ; où chacun, voulant faire partager aux autres ses appréciations, raconte à sa manière, retranchant quelquefois des circonstances essentielles, et en ajoutant souvent d'imaginaires, de sorte qu'à entendre dix personnes raconter le même fait, il semble quelquefois entendre raconter dix faits différents ; mais il s'agit de savoir de quelle manière ce fait s'est passé ; et qui peut le dire avec une entière certitude sinon celui qui y était présent, et l'a vu par lui-même ? Cependant les témoins *de auditu alieno* seront souvent utiles, ne fût-ce que pour corroborer ou infirmer la foi due à un témoin oculaire ; d'autres fois, parce qu'aucun témoin oculaire n'existant, ils seront les seuls possibles ; par exemple, lorsqu'il s'agit de prouver une possession immémoriale, les témoins pourront affirmer qu'ils savent et ont vu un tel posséder depuis tant de temps tel immeuble ou tel droit ; ils pourront dire qu'ils croient que l'origine de cette possession se perd dans la nuit des temps ; mais ce dernier fait, ils ne le savent pas ; ils ne peuvent que le croire ou sur la foi de ceux qui le leur ont raconté, — et en ceci ils sont témoins auriculaires ;— ou sur leurs propres conjectures,— et dans ce cas ils n'en sont pas du tout témoins.

Nous verrons d'ailleurs en parlant du titre des Enquêtes au Code de Procédure d'autres conditions qui doivent se trouver en la personne du témoin pour faire admettre son témoignage ; conditions dont l'absence peut ou le faire complètement rejeter du débat, ou seulement infirmer de beaucoup la foi qu'il mérite.

D'un autre côté la manière dont le témoin dépose influe beaucoup sur la foi qu'on doit accorder à sa déposition. Celui qui raconte un fait dans tous ses détails prouve qu'il en a parfaite connaissance ; tandis que celui qui énonce sèchement le fait et en omet même des circonstances essentielles fait supposer ou qu'il n'a point prêté à ce fait une attention suffisante, ou qu'il manque de mémoire, ou qu'il cherche à tromper et veut taire quelque important détail. D'ailleurs le témoin doit exposer le fait avec les circonstances qu'il se rappelle ; le serment qu'il a fait de dire vérité, emporte pour lui l'obligation de la dire tout entière, et ce serait altérer la vérité que d'en cacher une partie ; et des circonstances qui quelquefois peuvent sembler futiles au premier abord sont souvent de la plus haute importance et suffisent à elles seules pour faire entrevoir la vérité et pour permettre de la découvrir tout à fait ; le nom d'un arbre, circonstance en apparence bien minime, suffit à Daniel pour justifier Suzanne.

Pour mériter une pleine et entière confiance, le témoin doit déposer avec fermeté, et raconter avec clarté et sans équivoque la manière dont le fait a eu lieu ; il ne doit pas employer de formules dubitatives, comme : il se peut, il me semble, si je m'en souviens bien, si je ne me trompe ; car ce n'est pas ainsi avec hésitation, mais au contraire avec assurance que raconte un fait qu'il a vu, celui qui s'en souvient et qui ne cherche pas à tromper.

Combien faut-il de témoins pour former une preuve complète ?

Plus ils sont nombreux, plus en général leur témoignage mérite de confiance. C'est qu'en effet la preuve testimoniale tirant toute sa force de la double présomption du bon sens et de la bonne foi des témoins ; plus les témoins seront nombreux, plus, s'ils disent la même chose, cette présomption sera forte ; et que, s'il est possible qu'un seul témoin se trompe ou veuille tromper, il est bien difficile que plusieurs se trompent de la même manière, et presque impossible que s'ils veulent tromper ils ne tombent pas dans quelques contradictions.

Cependant il ne faut pas partir de ce principe que plus les témoins sont nombreux, plus leur témoignage mérite de confiance, pour en produire un nombre exagéré. La loi a elle-même pris soin de limiter jusqu'à un certain point ce nombre, en ne permettant à la partie qui gagne son procès de ne répéter que les frais nécessités par cinq dépositions sur un même fait, les frais des dépositions des autres témoins assignés par elle pour déposer sur ce fait restant à sa charge. Il n'est pas même nécessaire de faire entendre cinq témoins sur un fait pour que la preuve de ce fait soit complète. On ne doit pas compter les témoignages, on doit les peser ; aussi une seule déposition méritera quelquefois plus de confiance que cinq ou six dépositions faites par des personnes peu dignes de confiance ou dans des circonstances défavorables. Un seul témoin suffira quelquefois pour prouver le fait en question, pourvu que la présomption tirée de son bon sens et de sa bonne foi puisse, par elle seule ou à l'aide de certaines autres pré-somptions, convaincre le juge de la réalité du fait dont ce témoin dépose. Il était ainsi à Rome avant Constantin, ainsi qu'on peut l'induire de cette phrase d'une de ses constitutions insérées dans le Code : « *Sanximus ut unius testimonium nemo judicum facilè patiatur admitti....* » et de la défense formelle qu'il fait ensuite au juge, dans la même constitution, de recevoir ce témoignage (loi 9 du Code, titre *de Testibus*).

De même, en droit criminel, une seule déposition peut suffire pour former une preuve complète, pourvu que cette déposition unique entraîne la conviction des jurés ; et il est difficile d'admettre qu'une preuve suffisante pour faire condamner un homme aux galères ou même à mort, ne soit pas suffisante pour faire décider une contesta-tion d'intérêts privés et le plus souvent purement pécuniaires.

Et d'ailleurs puisqu'il est permis au magistrat de juger sur des présomptions graves, précises et concordantes, dans les cas où la loi admet la preuve testimoniale (article 1353), à plus forte raison lui est-il permis de motiver son jugement sur des présomptions appuyées par la déposition du seul témoin produit.

Lorsque, dans un cas où le Code ne défend pas la preuve testimo-niale, on aura, en se conformant exactement aux formalités prescrites par le Code de Procédure au titre des Enquêtes, fait entendre des témoins, quelle foi sera due à leurs dépositions ? Le juge sera-t-il forcé de tenir pour certain tout fait attesté par eux ?

On pensait autrefois, ainsi que nous le voyons dans Domat, que le juge était lié par cette preuve. Mais cette décision était purement arbitraire ; aucun texte ne l'autorisait, loin de là. En droit romain, plusieurs textes, tout au contraire, recommandaient au juge de se défier des témoins et d'examiner attentivement la confiance que mérite leur déposition, ce qui prouve qu'à Rome les dépositions de plusieurs témoins non reprochés ne liaient pas le juge, et qu'il était libre de n'en pas tenir compte, car sans cela à quoi lui eût servi d'examiner avec tant de soin quelle foi était due aux témoins, si après avoir trouvé par cette recherche qu'il ne leur en fallait pas du tout accorder, il eût été contraint de suivre leurs dépositions et de les regarder comme parfaitement exactes ?

Dans notre ancienne législation, malgré la maxime généralement établie par l'usage que cette preuve liait le juge, aucune disposition des ordonnances, que nous sachions du moins, n'a dérogé sur ce point aux sages prescriptions du droit romain.

Le Code qui montre une si grande défiance contre ce genre de preuve, et qui ne fait, nous l'avons vu, à la prohibition de l'admettre, que de bien rares exceptions, eût été pour ainsi dire en contradiction avec lui-même s'il eût statué que le juge serait lié par cette preuve; aussi ne l'a-t-il point fait. Le juge est donc chargé d'examiner d'après sa conscience et sa raison, si des dépositions des témoins résulte une preuve suffisante et complète; et ces dépositions ne suffisent pas pour lier sa religion, s'il a de fortes raisons de croire qu'elles ne sont pas conformes à la vérité; mais un juge qui connaît ses devoirs osera rarement, sur de simples soupçons, rendre un témoignage contraire aux dépositions de témoins non reprochés et ne pouvant pas l'être : il se rappellera que les présomptions de l'homme ne doivent que difficilement et dans des cas tout à fait exceptionnels l'emporter sur les présomptions de la loi, et ne voudra pas s'exposer à entendre dire de lui : « Dieu nous préserve de son équité ! »

IIe PARTIE.

Des formes de la preuve testimoniale.

(Code de Procédure civile, première partie, livre 2, titre xii, des Enquêtes.)

Voyons maintenant quelles sont les formes prescrites par le Code de Procédure pour la preuve testimoniale dans les cas où elle est admise.

La partie qui voudra, en matière civile ordinaire, employer la preuve testimoniale pour établir certains faits, devra d'abord énoncer sommairement et distinctement chacun de ces faits, et par le même acte, conclure à ce qu'il plaise au Tribunal lui décerner acte de ses articulations, et dire qu'en cas de dénégation de la part de son adversaire, elle sera autorisée à prouver ces faits par témoins. L'adversaire, de son côté, dans les trois jours de la notification qui lui est faite, ou plutôt qui est faite à son avoué, puisqu'elle doit se faire par acte d'avoué à avoué, devra dénier ou reconnaître ces faits ; sinon, ils pourront être tenus pour confessés et avérés ; mais si ces faits peuvent par suite du défaut de dénégation par acte de palais, dans les trois jours, être tenus pour constants, ils ne le seront pas toujours ; bien plus, dans certains cas, la reconnaissance et l'aveu formels qui en seraient faits ne pourraient dispenser de la preuve celui qui les a avancés, par exemple en cas de demande en séparation de corps ; car on sait que la séparation de corps ne peut pas, comme autrefois le divorce, avoir lieu par le consentement mutuel des époux, et ce serait laisser à ceux-ci le moyen de la faire prononcer par consentement mutuel, que d'admettre que l'aveu ou le défaut de dénégation des faits articulés pût suffire à faire regarder ces faits comme certains.

Si donc dans les trois jours les faits articulés n'ont été ni formellement déniés, ni formellement reconnus, les juges pourront, ou accorder une prorogation de délai pour en faire l'aveu ou la dénégation, ou en ordonner immédiatement la preuve, s'ils sont pertinents et admissibles.

Ils pourront de même au cas où aucune des parties ne demanderait à prouver des faits concluants, en ordonner d'office la preuve par témoins.

Le jugement qui ordonnera cette preuve devra contenir les faits à prouver, prescription sage à plus d'un titre, car elle permet d'abord au juge-commissaire de renfermer les témoins dans les limites des faits admis, et de ne pas les laisser divaguer en racontant des faits inutiles, ou dont la preuve au moins n'a pas été autorisée par justice, peut-être par cette raison que la loi la défend d'une manière absolue : elle permet en outre de faire par avance connaître au témoin les faits sur lesquels il sera tenu de déposer, et sur lesquels par conséquent il doit tâcher de se rappeler ses souvenirs : et enfin, en cas d'appel, elle permet d'examiner si c'est à raison que l'interlocutoire a été rendu. Ce jugement contiendra aussi la nomination du juge chargé de procéder à l'enquête, ou celle du Tribunal chargé de le nommer, si l'éloignement des témoins force à les faire entendre devant un juge autre que ceux du siége qui a ordonné l'enquête.

Cette désignation du juge-commissaire ou du Tribunal chargé de le nommer peut avoir été omise ; le juge commis peut, avant l'enquête, être dans l'impossibilité d'y procéder, alors on s'adresse au président du Tribunal qui devait le commettre ou qui l'avait commis, et celui-ci lui nomme un remplaçant.

Lorsqu'une partie a été autorisée à prouver certains faits, l'autre partie a le droit de faire la preuve contraire, que le jugement qui ordonne l'enquête lui ait ou non réservé ce droit que lui donne directement l'article 256 du Code de Procédure. Remarquons seulement que la contre-enquête doit être commencée et terminée dans les mêmes délais que l'enquête.

Quels sont donc ces délais ?

Il y en a dans lesquels on doit commencer l'enquête, et d'autres dans lesquels il faut la terminer.

Les premiers varient selon le lieu où se fait l'enquête, et aussi selon la nature du jugement, contradictoire ou par défaut. Ces délais sont d'autant plus importants à observer, qu'ils sont, comme presque tout en matière d'enquête, prescrits à peine de nullité.

Si le jugement étant contradictoire, l'enquête doit être faite dans le lieu où il a été rendu ou dans la distance de trois myriamètres, elle devra être commencée dans la huitaine du jour de la signification à avoué du jugement qui l'a ordonnée, s'il y a avoué en cause, et dans la huitaine de la signification à personne ou à domicile, s'il n'y a pas d'avoué.

Bien qu'il semble au premier abord impossible qu'un jugement soit contradictoire sans qu'il y ait d'avoué en cause, il est facile de se convaincre que cette prétendue impossibilité est plutôt apparente que réelle, et que, par exemple, l'hypothèse d'un jugement contradictoire sans qu'il y ait d'avoué en cause se rencontre en cas de défaut-profit-joint à l'égard du défendeur défaillant réassigné qui laisse de nouveau défaut, puisque le jugement définitif est réputé contradictoire même à son égard.

Supposons encore que la cause étant en état, ou même le jugement rendu, l'avoué de l'une des parties vienne à mourir, ou bien qu'il cesse de remplir ses fonctions, par destitution ou autrement ; le jugement n'en sera pas moins contradictoire, et pourtant il sera rendu contre une partie qui n'a point d'avoué.

Dans ces cas, la huitaine pour commencer l'enquête courra du jour de la signification à partie ou à domicile d'un jugement contradictoire.

« Si le jugement est susceptible d'opposition (dit l'article 257 *in fine*), le délai courra du jour de l'expiration des délais de l'opposition. » Un jugement susceptible d'opposition est, on le sait, un jugement par défaut.

S'il est par défaut contre avoué, les délais de l'opposition étant de huitaine à partir de la signification à avoué (article 157), l'enquête devra être commencée dans la huitaine qui suivra immédiatement ce délai, c'est-à-dire dans la seconde moitié de la quinzaine qui suivra immédiatement la signification à avoué ; cela n'offre pas de difficultés.

Mais au contraire, si l'interlocutoire a été rendu par défaut contre partie, il se présente une difficulté qui semble assez sérieuse : d'une part, l'opposition est recevable jusqu'à l'exécution du jugement (article 158), c'est-à-dire jusqu'après la confection de l'enquête, puisque le jugement ne prescrivant qu'elle, il n'y a pas d'autre moyen d'exécuter ce jugement que d'édifier l'enquête ; et, d'autre part, notre article dispose que le délai pour commencer cette enquête courra du jour de l'expiration des délais de l'opposition ; c'est-à-dire semble-t-il résulter de la combinaison de ces deux articles, que l'enquête ne pourra être commencée que lorsque le jugement qui l'ordonne aura été exécuté, en d'autres termes, lorsque l'enquête sera terminée.

Telle n'a pu être la pensée du législateur ; il n'a pas pu vouloir ordonner une absurdité. Cherchons donc ce que veut dire l'article qui nous occupe.

Veut-il dire que l'enquête ne pourra dans ce cas être commencée qu'après les six mois dans lesquels le jugement par défaut doit être exécuté , ou qu'elle doit au moins l'être dans ces six mois ?

Ce délai serait bien long et contraire à l'esprit de la loi qui a voulu, par suite de la défiance, qu'à tort ou à raison, elle témoigne à la preuve testimoniale, abréger le plus possible le délai dans lequel l'enquête

6

doit être commencée, afin de ne pas laisser à la partie le temps de corrompre ou de suborner les témoins.

Et d'ailleurs, sous l'empire de l'Ordonnance de 1667, le délai dans lequel devait se commencer l'enquête, était, ainsi que le dit Boitard dans ses *Leçons de procédure civile,* le même lorsque le jugement était par défaut contre partie que lorsqu'il était par défaut contre procureur, puisque dans l'un et l'autre cas le délai pour former opposition était de huitaine à partir de la notification du jugement. Il y a donc lieu de supposer que les rédacteurs du Code de Procédure ont voulu reproduire la même règle, et qu'ils ont suivi en ceci, comme en beaucoup d'autres points, les sages dispositions de l'Ordonnance, sans se souvenir qu'ils avaient modifié la durée du délai d'opposition dans le cas de défaut contre partie.

La rédaction obscure dont ils se sont servis doit être entendue plutôt dans le sens où elle offre une disposition conforme à l'esprit du reste de la loi que dans le sens où elle ne présenterait qu'une absurdité ou une solution contraire à d'autres dispositions formelles du Code de Procédure.

Le jugement ordonnant l'enquête peut non-seulement être susceptible d'opposition, mais encore être frappé d'appel.

Dans le cas d'appel formé avant l'expiration du délai pour commencer l'enquête, ces délais cessent de courir, et ne partent que du jour de la notification de l'arrêt confirmatif. On a donc huitaine à partir de cette notification pour commencer l'enquête.

Bien qu'il soit de règle générale que nul ne se forclôt soi-même, la défiance du législateur pour la preuve testimoniale a fait poser en matière d'enquête une exception à cette règle, et la signification du jugement qui l'ordonne fait courir le délai dans lequel elle doit être commencée, tant contre celui à la requête duquel elle a eu lieu que contre celui qui l'a reçue.

Que le jugement soit contradictoire ou par défaut, si l'enquête ne se fait ni au lieu où siége le Tribunal qui l'a ordonnée, ni dans la distance de trois myriamètres de ce lieu, le jugement fixera le délai dans lequel elle devra être commencée.

L'enquête ne commence réellement qu'à l'audition du premier témoin ; mais si le Code eût exigé, pour qu'elle fût réputée ouverte, qu'un témoin eût été entendu, il eût fallu donner pour la commencer un délai plus long que huitaine ; car à l'époque de la rédaction du Code, par suite de la longueur et de la difficulté des moyens de transport, il eût souvent, lorsque les témoins étaient éloignés du lieu où ils devaient déposer, été impossible d'en faire entendre un dans ce délai ; et il fut arrivé que pour ne pas encourir déchéance du droit d'édifier l'enquête, on eût assigné et fait entendre comme témoin dans lé délai légal le premier venu, dont la déposition, fort inutile en ce sens qu'elle n'eût appris aux juges qu'une seule chose , savoir que le témoin ne savait rien du fait en question, eût cependant été fort utile, puisque c'eût été le seul moyen de donner aux témoins véritables le temps d'arriver.

Le Code de Procédure a évité cet abus, et l'enquête, aux termes de l'article 259, est censée commencée pour chacune des parties respectivement par l'ordonnance qu'elle obtient du juge-commissaire à l'effet d'assigner les témoins aux jour et heure par lui indiqués, ordonnance dont ce dernier doit faire mention à l'ouverture du procès-verbal d'enquête.

Il peut donc fort bien se faire que l'une des parties ait commencé son enquête en temps utile, tandis que l'autre, n'ayant pas requis, et par conséquent n'ayant pas obtenu en temps utile l'ordonnance du juge-commissaire, soit déchue du droit de produire des témoins.

La partie qui a obtenu cette ordonnance devra , en assignant les témoins à comparaître pour déposer aux lieu, jour et heure fixés par cette ordonnance, leur donner copie du dispositif du jugement qui a permis l'enquête, ou de la partie de ce dispositif qui contient les faits dont elle est autorisée à faire preuve. Les témoins devront être assignés au moins un jour avant l'audition, s'ils habitent au lieu où ils doivent être entendus, ou à moins de trois myriamètres de ce lieu ; et s'ils se trouvent à une plus grande distance, ce délai devra en outre être augmenté d'un jour par trois myriamètres.

De même la partie doit recevoir trois jours au moins avant l'audition des témoins notification des noms des témoins, et sommation d'assister à leurs dépositions. Ces notification et sommation sont signifiées à la partie au domicile de son avoué. Si la partie n'habite pas au lieu où se fait l'enquête, ou si ce lieu n'est pas celui où se trouve le Tribunal qui l'a ordonnée, ces trois jours doivent être augmentés d'un double délai des distances, car il faut, d'une part, donner à l'avoué le temps d'avertir sa partie d'avoir à se trouver à l'enquête ; et, d'autre part, donner à celle-ci le temps d'arriver. Les formalités prescrites pour la sommation à faire aux témoins, de même que celles prescrites pour la sommation à faire à la partie, doivent être remplies à peine de nullité, nullité de toute l'enquête, si ce sont celles qui auraient dû être remplies à l'égard de la partie qui ont été omises ; nullité de la déposition de celui ou de ceux des témoins à l'égard desquels elles ont été omises, si ce sont des formalités prescrites à l'égard des témoins qui n'ont pas eu lieu.

Au jour indiqué, il est procédé par le juge-commissaire à l'audition des témoins en la présence des parties et de leurs avoués, si les parties et avoués se présentent pour assister à l'enquête ; en leur absence, s'ils ne le font pas.

Avant de procéder à la déposition proprement dite du témoin, le juge-commissaire lui demande son nom, ses prénoms, sa profession, son âge, sa demeure ; il lui demande encore s'il est parent, allié, serviteur ou domestique de l'une ou de l'autre des parties, et lui fait prêter serment de dire vérité ; le tout encore à peine de nullité de la déposition.

Toutes ces prescriptions sont fort sages : il faut d'abord savoir quel est celui qui se présente comme témoin, et si c'est bien un de ceux qui ont été assignés ; il faut encore s'assurer que le témoin n'est pas lié à l'une ou l'autre des parties par la parenté ou l'alliance, ce qui pourrait influer sur son témoignage, peut-être même à son insu ; et qu'il n'est pas sous l'influence trop directe de l'une ou de l'autre des parties, en qualité de serviteur ou de domestique ; puis on lui fait prêter serment de dire vérité.

C'est qu'en effet il ne suffit pas de s'assurer que le témoin connaît les faits, il faut aussi s'assurer qu'il ne veut ni trahir, ni taire, ni déguiser la vérité ; voilà pourquoi la loi exige qu'il en fasse le serment. Sans doute, n'en fît-il pas la promesse formelle, celui qui vient déposer sur un fait s'engage tacitement par là-même à dire ce qu'il en sait, ce qu'il a vu et rien autre chose, mais encore était-il sage de lui rappeler cette obligation qu'il contracte en venant déposer, et de lui demander la promesse de la remplir. Aux yeux de la loi, une simple promesse ne suffit même pas, elle exige la plus solennelle de toutes les promesses, le serment.

On a souvent contesté l'utilité du serment; on a prétendu qu'il ne sert à faire dire la vérité ni à l'honnête homme qui l'aurait dite sans avoir besoin de s'y engager par serment, ni à l'homme sans foi ni honneur qui violera le serment qu'il a prêté; on a prétendu que cette formalité, bonne en d'autres temps, n'avait plus de raison d'être à notre époque. Le plus illustre des auteurs qui aient écrit en Bretagne sur le droit nouveau, Toullier, réfutait ainsi cette objection, déjà faite de son temps :

« On pourrait dire que le serment est une barrière bien faible contre » les faux témoignages dans un siècle de corruption et d'immoralité, » où l'on se plaint si hautement, et peut-être non sans raison, des » progrès de l'irréligion et de l'incrédulité ; mais quand sur cent » témoins tentés de rendre un faux témoignage, la religion du » serment n'en retiendrait qu'un seul, cette institution n'en devrait » pas moins être conservée, parce qu'elle serait encore utile. » Et personne n'osera soutenir, pensons-nous, que la bonne foi ait à ce point disparu de France, que sur cent témoins la religion du serment n'en retienne qu'un seul. Heureusement ceux qui le violent sont bien peu nombreux, et beaucoup sans cette barrière ne se feraient peut-être pas faute d'altérer devant la justice, comme dans les conversations ordinaires de la vie privée, les faits sur lesquels ils viennent déposer ; c'est donc à bon droit et avec grande raison que la loi a prescrit, à peine de nullité de la déposition, le serment du témoin.

Les témoins doivent être entendus chacun séparément ; c'est le plus sûr moyen de découvrir la vérité.

Celui d'entre eux qui fera défaut, sera condamné par le juge-commissaire à une somme qui ne pourra être moindre de dix francs, à titre de dommages-intérêts envers la partie qui l'a assigné, et à une amende qui ne pourra excéder cent francs.

Il sera en outre réassigné à ses frais ; et si sur cette réassignation il laisse itératif défaut, il sera condamné par corps à une amende de cent francs, et il pourra être décerné contre lui par le juge-commissaire un mandat d'amener. C'est qu'en effet tout citoyen doit à la justice qui la lui demande l'expression de la vérité des faits qu'elle a besoin de connaître pour juger le procès pendant : la loi, d'accord avec la morale, lui en a fait un impérieux devoir ; et, s'il refuse de le remplir, il est coupable, et par suite passible d'une peine.

Mais il peut se faire que ce ne soit pas pour refuser son témoignage que le témoin n'a pas comparu ; il peut se faire qu'il ait été dans l'impossibilité de se présenter au jour indiqué, ou bien que par suite de maladie par exemple, il soit tout-à-fait dans l'impossibilité de se transporter au lieu désigné pour l'enquête. S'il justifie en comparaissant sur la réassignation qu'il n'avait pu se présenter au jour précédemment indiqué, le juge, après avoir recueilli sa déposition, le déchargera de l'amende et des frais de réassignation ; s'il est dans l'impossibilité de se présenter, le juge pourra, selon les cas, ou lui accorder un délai qui n'excèdera pas celui de l'enquête, ou aller recevoir sa déposition, ou bien encore renvoyer devant le président du Tribunal du lieu du domicile du témoin, qui l'entendra ou commettra un juge à cet effet.

Revenons aux formes employées pour recueillir le témoignage de ceux qui viennent faire leur déposition devant le juge-commissaire, aux lieu, jour et heure pour lesquels ils sont assignés.

Après avoir fait prêter au témoin le serment de dire vérité, et si ce témoin n'est privé ni en général ni par suite de parenté ou alliance en ligne directe, ou de son mariage avec l'une des parties, dans la cause particulière où l'on se trouve du droit de témoigner, et après avoir entendu et relaté dans son procès-verbal les reproches faits au témoin s'il en a été formulé (et ils doivent l'être avant la déposition), ainsi que les réponses à ces reproches, le juge-commissaire entend la déposition qui, faite par le témoin oralement et sans qu'il puisse lire de projet écrit, est, sous la dictée du juge-commissaire, écrite et consignée par le greffier au procès-verbal. Si le juge n'est pas tenu de faire reproduire cette déposition dans les termes mêmes où elle a eu lieu, s'il peut se dispenser de répéter les longueurs, redites et fautes de langage du témoin, il doit du moins reproduire dans sa rédaction le sens exact de la déposition ; tâcher d'en donner une image fidèle, et de retracer avec la plus scrupuleuse exactitude l'incertitude et l'indécision que le témoin a pu montrer, ou au contraire la netteté et l'assurance avec lesquelles il a déposé, car ces circonstances doivent nécessairement influer beaucoup sur la foi que le Tribunal ajoutera à cette déposition. Il est regrettable que les témoins ne viennent pas déposer soit à l'audience, soit en la chambre du Conseil, devant les juges assemblés, car ce serait là le plus sûr moyen de permettre à chacun des magistrats d'apprécier la déposition du témoin par lui-même et non pas simplement sur le vu d'un procès-verbal qui, si exact et si fidèle qu'il soit, ne peut cependant reproduire ni l'inflexion de voix du témoin, ni mille autres petites circonstances presque imperceptibles et pourtant de nature à influer beaucoup sur le degré de confiance que mérite chaque déposition.

Mais l'audition des témoins à l'audience, qui a toujours lieu en matière criminelle, où elle offre les plus heureux résultats, et qui eût offert les mêmes avantages, sans plus d'inconvénients en matière civile, n'est admise devant les Tribunaux Civils que dans les affaires sommaires. Nous en parlerons dans la troisième partie de notre travail, car elle est admise devant les Tribunaux de Commerce.

Après que le témoin aura déposé, ou au cours de sa déposition, le juge pourra, soit d'office, soit sur la demande des parties ou de leurs avoués présents à l'enquête, poser au témoin telles questions qu'il jugera utiles.

La déposition sera lue au témoin ; le juge lui demandera s'il y persiste ; le témoin pourra y faire telles additions ou rectifications que bon lui semblera, et dont il lui sera aussi donné lecture, en même temps que nouvelle lecture de la déposition ; mention de la réponse du témoin à la demande que lui adresse le juge-commissaire s'il persiste dans sa déposition, sera faite au procès-verbal ; puis, la déposition, avec ses additions et rectifications s'il y en a, sera signée par le témoin, s'il le sait et le veut faire ; et, en tout cas, par le juge et le greffier. Il sera demandé au témoin s'il requiert taxe, et, en cas de réponse affirmative, le juge fixera cette taxe sur la copie d'assignation du témoin, et fera mention de cette fixation au procès-verbal.

Le procès-verbal doit être daté et relater les sommations faites aux parties d'assister à l'enquête ; les comparutions ou défauts des parties et des témoins ; la représentation que chaque témoin doit faire de sa copie d'assignation ; les reproches, s'il en a été formulés, et les réponses des témoins à ces reproches ; la déclaration faite par chaque témoin de ses nom, prénoms, profession et demeure, ainsi que de sa parenté, alliance et domesticité chez l'une ou l'autre des parties, ou de la non existence de parenté, alliance ou domesticité entre lui et les parties ; le serment prêté par le témoin, la déposition par lui faite et les changements ou additions que lors de la lecture il a pu y apporter ; les questions que le juge-commissaire, soit d'office, soit à la réquisition des parties ou de leurs avoués a pu adresser aux témoins, et les réponses qu'ils y ont faites ; la lecture de la déposition au témoin et la demande à lui faite s'il y persiste, la lecture des changements ou additions s'il y en a eu, la mention de la signature de chaque déposition par le juge et le greffier ainsi que par le témoin, s'il sait et veut signer, ou la raison pour laquelle le témoin n'a pas signé, enfin, la signature du procès-verbal d'enquête par le juge et le greffier ainsi que par les parties, si elles ont signé, ou mention de la cause pour laquelle les parties ne l'ont pas fait.

Si quelques-unes de ces formalités n'avaient pas été remplies, ou que mention de leur accomplissement n'eût pas été faite, l'enquête serait nulle pour le tout ou seulement pour partie, selon que les formalités omises seraient relatives à toute l'enquête ou seulement à des dépositions particulières.

L'enquête nulle par la faute du juge-commissaire est recommencée à ses frais ; il en est de même des dépositions nulles par sa faute sans que toute l'enquête le soit ; et les délais pour commencer la nouvelle enquête courent du jour de la signification du jugement qui l'a ordonnée. Les mêmes témoins peuvent être entendus, et si quelques-uns, par suite de décès ou autrement, étaient dans l'impossibilité de l'être, on aurait à leurs premières dépositions tel égard que de droit.

L'enquête nulle par la faute de l'avoué ou de l'huissier n'est pas recommencée, mais la partie peut en répéter les frais contre eux, même des dommages et intérêts en cas de manifeste négligence ; ce qui est laissé à l'arbitrage du juge.

L'enquête doit être achevée dans la huitaine de l'audition des premiers témoins, à peine de nullité, à moins que, vu les circonstances particulières de la cause, le jugement qui l'ordonne n'ait fixé un plus long délai, ou que l'une des parties ne demande et n'obtienne prorogation.

Cette prorogation doit être demandée dans le délai de l'enquête ; le juge-commissaire consigne au procès-verbal la demande de prorogation qui lui est faite, et indique sur le même procès-verbal le jour où il fera rapport à l'audience, et il n'est donné pour ce jour ni sommation ni avenir si les parties ou leurs avoués étaient présents à la demande en prorogation. Il ne peut être accordé qu'une seule prorogation, à peine de nullité.

Telles sont les formalités prescrites pour l'audition des témoins. Il nous reste à dire qui peut être assigné comme témoin et dans quel cas un témoin peut être reproché.

Tous ceux que la loi n'en déclare pas incapables, soit d'une manière générale et absolue, soit d'une manière relative, peuvent être assignés comme témoins, et être entendus à ce titre.

Sont incapables de témoigner en justice autrement que pour donner de simples renseignements tous ceux qui ont été frappés de peines emportant la dégradation civique, dont l'un des effets est de priver celui qui en est atteint du droit de déposer en justice autrement que pour donner de simples renseignements (article 34, § 3, du Code Pénal) ; de même encore, les Tribunaux jugeant correctionnellement, peuvent dans certains cas interdire au coupable l'exercice du droit de déposer en justice autrement que pour y faire de simples déclarations. (Code Pénal, article 42, § 8.)

Outre ces incapacités de témoigner en justice dont la loi ne frappe que ceux qu'elle juge indignes d'être admis à porter un témoignage valable, par suite des condamnations qui les ont flétris, et cela de quelque cause qu'il s'agisse ; il y a des incapacités relatives qui ne permettent pas, eu égard aux circonstances particulières d'une cause déterminée, d'assigner comme témoins certaines personnes, bien qu'elles jouissent du droit général de témoigner en justice.

C'est de ces incapacités relatives seulement que s'occupe l'article 268 du Code de Procédure, qui dit que « nul ne pourra être assigné comme témoin, s'il est parent ou allié en ligne directe de l'une des parties, ou son conjoint même divorcé. »

7

Cette incapacité relative est parfaitement justifiée, car si l'ascendant, descendant ou conjoint déposait en faveur de son parent ou de son époux, il serait fort à craindre que même sans qu'il s'en doutât, le lien si étroit qui l'unit à la partie en faveur de laquelle il dépose ne lui eût fait déguiser les faits en faveur de cette partie; et si un père déposait contre son fils, un fils contre son père, ou l'un des époux contre l'autre, il serait encore à craindre que cette déposition ne fût pas conforme à la vérité, et n'eût été dictée par la haine, qui souvent ne connaît pas de bornes lorsqu'elle s'est formée entre des personnes que des liens si étroits devaient toujours unir; que la parenté soit légitime, naturelle ou adoptive, l'incapacité qu'elle produit est la même, la loi ne distingue pas. Lorsque le divorce existait, l'article 251 du Code Civil faisant exception à la règle posée par l'article 268 du Code de Procédure, permettait de faire entendre comme témoins les ascendants des époux; les parents n'étaient pas dans ce cas reprochables du chef de la parenté non plus que les domestiques par suite de leur domesticité; c'est qu'en effet, dans ces causes, il serait souvent impossible de prouver par d'autres que par les parents et domestiques, des faits qui se passent ordinairement dans l'intérieur des ménages et en secret. La jurisprudence a depuis longtemps étendu cette permission au cas de demande en séparation de corps; et c'est avec raison, car le motif est le même et la position identique.

A la différence des incapables d'être témoins, qui ne peuvent même être admis à déposer, certaines personnes ont, il est vrai, le droit de témoigner, mais les circonstances enlèvent à leur déposition une grande partie de sa force, et peuvent même le faire complètement rejeter.

Ces personnes peuvent être reprochées avant leur déposition, et sont tenues de s'expliquer. Les reproches et réponses du témoin à ces reproches sont consignés au procès-verbal; mais après la déposition aucun reproche ne peut plus être proposé s'il n'est justifié par écrit.

Quels sont donc ceux contre lesquels on peut formuler un reproche? Ce sont ceux contre lesquels s'élève un soupçon de partialité fondé, soit sur la dépendance où ils se trouvent vis-à-vis de l'une des parties, soit sur la crainte qu'ils n'aient été subornés ; ce sont encore ceux que leurs antécédents judiciaires et les condamnations qu'ils ont ou subies, ou pu mériter, rendent indignes du droit de témoigner.

Dans la première classe viennent se ranger les parents ou alliés des parties jusqu'au degré de cousin issu de germain inclusivement, et les parents ou alliés des conjoints jusqu'au même degré, si le conjoint est vivant, ou s'il a laissé des enfants vivants. Si le conjoint est décédé, et qu'il n'existe point d'enfants vivants issus de son mariage, on ne peut plus reprocher que ses parents et alliés en ligne directe, ses frères et sœurs, beaux-frères et belles-sœurs, car la loi suppose avec raison que la mort de l'un des conjoints a suffisamment relâché les liens qui unissaient l'autre conjoint aux parents ou alliés de l'époux décédé, au-delà des degrés qu'elle indique, pour que la partialité ne soit plus à craindre de leur part; mais bien qu'aux yeux de la loi il n'existe plus d'alliance entre le conjoint survivant et les père et mère, beau-père et belle-mère, frères et sœurs ou beaux-frères et belles-sœurs du conjoint décédé sans enfants, des personnes qui ont été unies par des liens si étroits, et qui continuent à s'appeler du nom de père et de fils, ou de celui de frères et de sœurs, ne peuvent être admises à témoigner les unes pour les autres. Le lien qui unissait le beau-père et le gendre s'est rompu aux yeux de la loi qui ne reconnaît plus d'alliance entre eux; mais malgré la loi, un sentiment de haute convenance fait agir ces personnes comme si le lien légalement rompu subsistait toujours; la loi devait en tenir compte, elle l'a fait; et si dans ce cas il n'est plus permis de leur refuser le droit de témoigner, il était juste au moins de permettre d'élever contre eux un reproche qui aura plus ou moins de force suivant les circonstances, selon les rapports qu'ils ont conservés entre eux.

Les parents ou alliés en ligne directe du conjoint, de même que les parents ou alliés dans la même ligne de la partie elle-même, ne sont pas seulement reprochables, ainsi que l'article 283 s'il était seul le ferait supposer, ils sont aux termes de l'article 268 dont nous avons parlé ci-dessus, incapables de donner un témoignage valable.

On peut aussi reprocher l'héritier présomptif et le donataire de l'une des parties; car les liens d'affection, la crainte de déplaire, ou la reconnaissance, rendraient leur témoignage justement suspect. De

même que les parents et alliés, l'héritier présomptif et le donataire
ne semblent pas pouvoir apprécier sans partialité les prétentions de
celui dont ils attendent la succession et craignent de perdre l'héritage,
ou de celui dont ils ont reçu et accepté une donation.

Sont encore reprochables ceux qui ont bu et mangé avec la partie
et à ses frais depuis le jugement qui a ordonné l'enquête, et ceux
qui ont donné des certificats sur des faits relatifs au procès. La loi a
craint que les premiers n'aient été corrompus et subornés ; elle a
craint qu'une fausse honte n'empêchât les seconds de rien changer à
l'attestation peut être inexacte et de pure complaisance contenue dans
leur certificat.

De même sont reprochables les serviteurs et domestiques des parties,
sauf dans le cas de séparation de corps ; ils sont en effet dans une
dépendance trop grande de celui qui les appelle à témoigner, pour
que leur témoignage ne semble pas suspect.

Est reprochable à cause de son indignité au moins présumée, et
cela de quelque cause qu'il s'agisse, le témoin en état d'accusation.
Quant à ceux qui ont été condamnés à une peine afflictive et infa-
mante, ou seulement à une peine correctionnelle, mais pour cause de
vol, avec exclusion pendant cinq ans au moins et dix ans au plus du
droit de témoignage, ils ne sont pas seulement reprochables, ce nous
semble, mais incapables de donner un témoignage proprement dit. Ils
ne peuvent que fournir des renseignements, et ne sont pas admis à
confirmer ce qu'ils disent sous la foi du serment dont la sincérité
serait, en raison de leur antécédents, suspecte de leur part.

IIIᵉ PARTIE.

De la preuve par témoins en matière commerciale.

(Code de Commerce, article 109.)

Après avoir vu ce qu'est la preuve testimoniale en général, quels
sont les cas dans lesquels le Code Civil en défend l'emploi, et quelles

sont les formalités à suivre tant pour la faire admettre que pour y procéder en matière civile ordinaire; il nous reste à dire quelles règles la régissent en matière commerciale.

Dans les affaires qui se jugent par les Tribunaux de Commerce, la preuve testimoniale est conformément au droit commun toujours admissible, à moins qu'une disposition expresse de la loi n'en défende l'emploi. Il en fut ainsi même sous l'empire de l'ordonnance de Moulins, qui pourtant, dans la prohibition qu'elle faisait d'admettre cette preuve au-delà de cent livres, ne distinguait pas entre les affaires civiles et les affaires commerciales. Mais, malgré les termes généraux dont se servait cette ordonnance, l'usage l'emporta sur le texte de la loi devant les juridictions consulaires, ainsi que le constate la discussion qui eut lieu à ce sujet lors de la rédaction de l'ordonnance de 1667.

L'ordonnance de 1667, au contraire, titre xx, article 2, fit exception en faveur du commerce, à l'obligation qu'elle imposait dans cet article de passer acte écrit de toutes choses excédant la somme ou valeur de cent livres, ainsi qu'à la défense que formulait le même article, de recevoir aucune preuve par témoins au-delà de cette somme.

Cette exception a été reproduite par l'article 1341 du Code Civil qui, après avoir imposé l'obligation de passer acte écrit de toute convention dont la valeur excéderait cent cinquante francs, et défendu de recevoir aucune preuve par témoins, contre et outre le contenu aux actes, encore qu'il s'agisse d'une somme ou valeur moindre de cent cinquante francs, ajoute : « Le tout, sans préjudice de ce qui est » prescrit dans les lois relatives au commerce. »

En nous reportant au Code de Commerce, nous voyons que quelques dispositions particulières exigent, pour certains actes, une preuve littérale; ainsi, l'article 39 prescrit que les sociétés en nom collectif ou en commandite soient constatées par actes authentiques ou sous-seings privés, et l'article 40, que les sociétés anonymes le soient par actes publics; et les prescriptions de ces deux articles sont sanctionnées par l'article 41, qui porte : « Aucune preuve par té- » moins ne peut être admise contre et outre le contenu dans les actes » de société, ni sur ce qui serait allégué avoir été dit avant l'acte,

» lors de l'acte , ou depuis , encore qu'il s'agisse d'une somme au-
» dessous de cent cinquante francs. »

Les associations en participation peuvent être constatées par....
« ou par la preuve testimoniale, si le Tribunal juge qu'elle peut être
» admise. » (Article 49.)

Nous voyons encore, article 273, que toute charte-partie, affrétement
ou nolissement, doit être rédigé par écrit ; et, article 311, que le
contrat à la grosse doit être fait par-devant notaire ou sous signatures privées.

Enfin, l'article 109 déclare que les achats et ventes se constatent
entre autres moyens, « par la preuve testimonale dans le cas où le
» Tribunal croira devoir l'admettre. »

Cette preuve est donc facultative en matière d'achats et de
ventes de commerce, comme en toutes autres matières commerciales
pour lesquelles une disposition spéciale ne la défend pas formellement.

On peut dire que cette règle , application directe du droit naturel,
d'après lequel , ainsi que nous l'avons vu , la preuve testimoniale est
toujours admissible, n'est pas même une dérogation au droit civil,
qui, s'il la défend, en règle générale , au-dessous de cent cinquante
francs , ne pouvait du moins la défendre, et ne l'a en réalité pas
défendue, pour le cas où il a été impossible de se procurer une
preuve écrite.

Cette impossibilité n'existe pas toujours dans les relations commerciales , voilà pourquoi le Code de Commerce prescrit , en plusieurs
cas, dont nous avons cité les principaux, de se procurer une preuve
écrite ; mais , lorsqu'il s'agit d'achats et de ventes, il est le plus
souvent , pour ne pas dire toujours, impossible, ou du moins très
difficile et très dispendieux de dresser un acte ; tant par suite de la
qualité des personnes qui , dans les campagnes surtout , font des
achats ou consentent des ventes, que par suite de la manière même
dont se passent les affaires commerciales ; car que de difficultés, que
de lenteurs et de frais pour se procurer une preuve écrite de chaque
vente et de chaque achat, et pour en passer acte, dans une foire ou
dans un marché, par exemple.

La célérité nécessaire aux transactions commerciales n'en donne pas le temps ; et d'ailleurs, s'il fallait dresser un acte de toute convention , s'il était permis d'en refuser l'accomplissement par la seule raison que cette convention n'est pas constatée par écrit, et d'en nier l'existence bien qu'elle eût eu lieu en public et devant les personnes les plus recommandables; la bonne foi, si nécessaire au commerce, étant pour ainsi dire défendue par la loi , finirait par disparaître des relations commerciales , danger assurément bien plus grand pour le commerce, dont il serait la ruine, que celui que présenterait l'audition des témoins , car on parvient presque toujours à distinguer ce qu'il y a de vrai dans leurs dépositions de ce qui pourrait ne pas l'être. Du reste , la loi a évité le danger que présenterait quelquefois l'audition forcée des témoins , en laissant aux juges consulaires la plus grande latitude pour l'admission ou le rejet de la preuve testimoniale.

On s'est demandé si, en matière commerciale, cette preuve, facultative quelque élevé que soit le chiffre de la demande, est forcée au-dessous de cent cinquante francs. M. Duranton le prétend. MM. Delamarre et Lepoitevin , t. I , n° 291 , pensent au contraire qu'elle est toujours facultative , mais jamais obligatoire. Cette opinion nous semble préférable.

Nous ne croyons pas qu'aucun texte ait rendu cette preuve obligatoire au-dessous de cent cinquante francs, pas plus en matière commerciale qu'en matière civile ordinaire.

L'article 1341 du Code Civil dit qu'il n'est reçu aucune preuve par témoins contre et outre le contenu aux actes , ni sur ce qui serait allégué avoir été dit avant, lors ou depuis; l'article 253 du Code de Procédure dit , après avoir énuméré les conditions de l'admission de cette preuve qu'elle pourra être ordonnée; et l'article 109 du Code de Commerce porte que les achats et ventes se constatent en matière commerciale entre autres moyens par la preuve testimoniale dans le cas où le Tribunal croira devoir l'admettre. Aucun de ces articles ne déclare qu'elle devra nécessairement être admise dans le cas où la somme est au-dessous de cent cinquante francs; l'article 109 du Code de Commerce, notamment, dit, en propres termes, qu'elle pourra être employée « quand le Tribunal croira » devoir l'admettre. » Il ne distingue pas le cas où la somme est moindre de cent cinquante francs de celui où elle est supérieure à ce chiffre ; il n'y a donc pas lieu de faire une distinction qui n'est pas dans la loi ; et si le Tribunal de Commerce croit, à raison des circonstances, que, bien que l'objet du litige ne soit que de cinquante francs, par exemple, il n'y a pas lieu, eu égard aux circonstances particulières de la cause, d'admettre la preuve testimoniale, il lui sera loisible de ne pas le faire.

De même, la preuve testimoniale pourra être admise mais ne le sera pas forcément contre et outre le contenu à un acte de commerce, pourvu, toutefois, que la convention contenue dans cet acte ne soit pas de celles qui, d'après une disposition expresse, doivent être constatées par écrit.

Lorsque la preuve testimoniale aura été admise en matière commerciale, il y sera procédé, dit l'article 432 du Code de Procédure civile, dans les formes prescrites pour les enquêtes sommaires. Voyons donc quelles sont ces formes, que détermine le Code de Procédure, articles 407 et suivants.

Les faits seront articulés à l'audience par la partie ou son mandataire ; le jugement ordonnant l'enquête devra les énoncer dans son dispositif, et fixer les jour et heure où les témoins seront entendus à l'audience. Les témoins seront assignés un jour au moins avant leur audition, et recevront copie du dispositif du jugement qui ordonne leur comparution ; leurs noms seront notifiés à partie trois jours avant leur audition. Si l'une des parties demande prorogation, il sera, audience tenante, statué sur sa demande. Si, par suite de leur éloignement ou d'un empêchement quelconque, les témoins ou quelques-uns d'entre eux ne pouvaient comparaître à l'audience, le Tribunal de Commerce commettrait pour recevoir leurs dépositions le Tribunal ou le juge de paix de leur résidence qui dresserait procès-verbal.

Si les témoins sont entendus à l'audience, et que le jugement soit en dernier ressort, le Tribunal, sans dresser procès-verbal de leurs dépositions, se bornera à mentionner dans son jugement les noms des témoins et le résultat de l'enquête ; mais dans le cas où le jugement serait susceptible d'appel, il devrait être rédigé un procès-verbal d'enquête, afin, qu'en cas d'appel, il pût être statué sur le

vu de ce procès-verbal, et sans qu'il soit nécessaire de faire de nouveau déposer les témoins.

Du reste, l'amende et les peines contre les témoins défaillants, les
incapacités et les reproches sont les mêmes en matière commerciale
qu'en matière civile ordinaire.

Remarquons, en terminant, que si, en matière commerciale, la
déposition proprement dite des témoins a lieu à l'audience, il est
cependant fort rare que les témoins y paraissent, et que le plus souvent les Tribunaux de Commerce commettent des arbitres, si l'affaire
est importante, ou, si elle est minime, un des juges du siége. Le
juge, l'arbitre ou les trois arbitres commis doivent entendre les parties dans leurs explications et entendent aussi les témoins que les
parties produisent. Cette audition a lieu sans prestation de serment,
sans procès-verbal, sans formalité d'aucune sorte ; et le Tribunal
de Commerce juge ensuite sur l'avis du juge ou des experts
commis.

QUESTIONS CONTROVERSÉES

Droit romain.

An idoneorum testium depositionibus alligabatur judicantis fides ? — Non alligabatur.

Poterant-ne testes per scripturam testificari ? — Non poterant.

Droit français.

Code Civil.

Peut-on n'avoir pas de domicile ? — Non.

Le propriétaire du fonds inférieur peut-il refuser de recevoir l'eau qui tombe des toits établis sur le fonds supérieur, lorsque avant d'arriver à son terrain cette eau traverse la voie publique ? — Non.

Peut-on acquérir par la possession appuyée sur un titre émanant du non-propriétaire une servitude discontinue ? — Oui.

Celui au profit duquel une succession s'est ouverte, est-il héritier sous la condition suspensive de non-acceptation ou sous la condition résolutoire de sa renonciation ?

Sous la condition résolutoire de sa renonciation.

L'article 883 doit-il être appliqué au partage des créances ? — Non.

Quand la preuve testimoniale est-elle admissible ? — Toutes les fois qu'aucun texte ne la défend.

Peut-on contraindre un Juif à prêter serment *more judaïco ?* — Non.

Procédure.

Les reproches énumérés dans l'article 283 du Code de Procédure Civile sont-ils les seuls admissibles ? — Non.

Droit commercial.

Devant les Tribunaux de Commerce quels sont les délais pour commencer et terminer l'enquête ? — Ils sont laissés à l'arbitrage du juge.

Droit administratif.

L'autorisation administrative, en vertu de laquelle a été fondé un établissement dangereux, incommode ou insalubre, enlève-t-elle aux voisins le droit de réclamer et d'obtenir des dommages-intérêts pour le préjudice matériel que le voisinage de ces établissements peut leur causer ? — Non.

V. BERTHELOT DE LA GLÉTAIS.

Vu pour l'impression :

Le Doyen ,

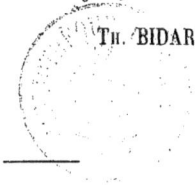

TH. BIDARD.

Nantes, imp. de Mᵐᵉ vᵉ Mellinet, place du Pilori, 5.

www.ingramcontent.com/pod-product-compliance
Lightning Source LLC
Chambersburg PA
CBHW050535210326
41520CB00012B/2581